QUESTIONS DU TEMPS PRÉSENT

Dr Jacques BERTILLON

CHEF DES TRAVAUX STATISTIQUES DE LA VILLE DE PARIS

LE PROBLÈME

DE

LA DÉPOPULATION

Paris, 5, rue de Mézières

Armand Colin & Cie, Éditeurs

Libraires de la Société des Gens de Lettres

LE PROBLÈME

DE

LA DÉPOPULATION

35835. — PARIS, IMPRIMERIE LAHURE

Rue de Fleurus, 9

Dr Jacques BERTILLON

CHEF DES TRAVAUX STATISTIQUES DE LA VILLE DE PARIS

LE PROBLÈME

DE

LA DÉPOPULATION

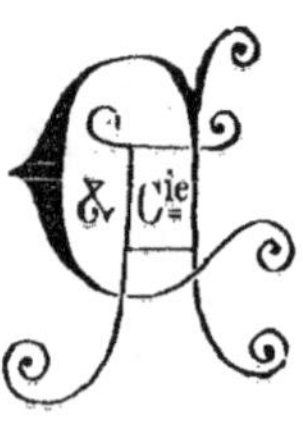

Paris, 5, rue de Mézières

Armand Colin & Cie, Éditeurs

Libraires de la Société des Gens de Lettres

1897

LE PROBLÈME

DE

LA DÉPOPULATION

LE PROGRAMME DE L'ALLIANCE NATIONALE
POUR
L'ACCROISSEMENT DE LA POPULATION FRANÇAISE

L'Alliance nationale pour l'accroissement de la population française[1], fondée tout récemment, a reçu de tous l'accueil le plus flatteur; elle recrute chaque jour l'adhésion d'hommes distingués, quelquefois célèbres. Les journaux la plaisantent un peu — elle s'y attendait, — mais presque toujours ils parlent d'elle avec sympathie, et souvent ils étudient très sérieusement quelques parties de son programme. Néan-

---

[1]. 26, avenue Marceau. La cotisation minima est de 10 francs par an ou 100 francs une fois donnés. Cette cotisation est abaissée à 1 franc à partir de la seconde année pour les familles ayant plus de trois enfants.

1

moins, il leur est bien difficile, faute de place, d'exposer ce programme dans son ensemble. Il en résulte que le public, même instruit, le connaît mal et n'est pas à même de le juger.

Je me propose d'en donner ici l'exposé.

Auparavant, il est nécessaire de rappeler brièvement la gravité du fléau et les conséquences terribles qu'il aura fatalement, si on ne le combat pas tout de suite et énergiquement.

I. — De la diminution de la France.

De l'effacement de la France depuis deux siècles. — Que la France occupe dans le monde civilisé une place moindre aujourd'hui qu'autrefois, c'est ce que nous démontrent malheureusement les chiffres cités plus bas et que j'emprunte à M. Levasseur.

A la fin du xviie siècle en effet, il n'y avait en Europe que trois grandes puissances, car l'Espagne avait déjà perdu toute sa force. Voici quelle était leur population :

POPULATION DES GRANDES PUISSANCES DE L'EUROPE EN 1700

France.	10 millions d'habitants.
Grande-Bretagne et Irlande.	8 à 10 —
Empire germanique.	19 —

États compris en partie dans l'Empire germanique :

Autriche.	12 à 13 millions d'habitants.
Prusse.	2 —

Soit en tout 50 millions. La France comprenait donc 40 pour 100 de la population des grandes puissances de l'Europe. Encore faut-il remarquer que l'Empire germanique était très loin d'avoir la cohésion qu'il a aujourd'hui ; il était partagé entre un grand nombre de souverains dont le plus puissant, l'Autrichien, ne tenait que 12 à 13 millions d'habitants sous son sceptre. La France était non la plus vaste en étendue, mais la plus peuplée de toutes les monarchies européennes, et, par conséquent, la plus puissante au point de vue économique et au point de vue militaire.

Louis XIV et Louis XV usèrent si mal de cette puissance qu'ils la diminuèrent, et voici comment s'était modifié, dans le courant du siècle, le tableau que nous tracions tout à l'heure de la population des grandes puissances :

POPULATION DES GRANDES PUISSANCES DE L'EUROPE EN 1789

France.	26	millions d'habitants.
Grande-Bretagne et Irlande.	12	—
Russie.	25	—
Empire germanique.	28	—

Etats compris en partie dans l'Empire germanique :

Autriche.	18	millions d'habitants.
Prusse.	5	—

Soit en tout 96 millions. La France figure dans ce total pour 27 centièmes seulement (et non plus 40 pour 100 comme sous Louis XIV). Cependant elle s'est accrue de la Lorraine et de la Corse, mais l'Allemagne a vu sa population s'accroître rapidement, et, en outre, la Russie a pris place parmi les grandes puissances.

Depuis cette époque les nations étrangères se sont beaucoup accrues; de plus l'Italie s'est constituée. Tandis que la population française n'augmente que misérablement, ses voisins s'agrandissent et se multiplient, peuplent les continents, y étendent leur commerce et remplissent l'univers entier de leur langue, de leurs navires et de leurs armées. Aussi le tableau de l'Europe à la fin de ce siècle ne ressemble en rien à ceux qui précèdent :

POPULATION DES GRANDES PUISSANCES DE L'EUROPE VERS 1890

France	58,3 millions d'habitants.	
Grande-Bretagne et Irlande.	38,1	—
Autriche-Hongrie.	43,2	—
Empire allemand.	49,4[1]	—
Russie d'Europe	100 »	—
Italie	30,5	—

Soit en tout 300 millions; la France n'y figure que pour 12 pour 100. Et il y a moins de deux

1. En 1895, plus de 52 millions d'habitants. La population allemande en cinq ans s'est accrue de 3 millions d'habitants; deux fois l'Alsace-Lorraine! Pendant ces mêmes cinq années, la population française s'est accrue de 175 000 habitants. Cet accroissement minuscule est identique à l'accroissement de l'Angleterre en quatre mois. Nous mettons cinq ans à le réaliser. Encore n'est-ce qu'un accroissement fictif, dû à l'immigration étrangère. L'empire russe compte 129 millions en 1897.

siècles, elle y figurait à raison de 40 pour 100 !
Et encore, dans le tableau qui précède, nous
n'avons compté que les Anglais qui habitent le
Royaume-Uni; pourtant ceux des colonies ne
contribuent pas moins à la puissance britan-
nique. Nous n'avons pas compté non plus les

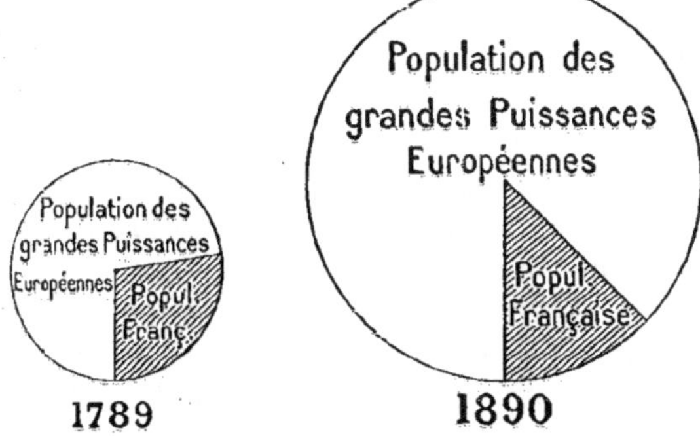

La *surface* totale de chacun de ces cercles est proportion
nelle à la population totale des grandes puissances européennes à chacune des dates indiquées. La *surface* ombrée est proportionnelle à la population française. L'*angle*
de la surface ombrée est proportionnel à l'importance
relative de la population française.

États-Unis; et pourtant il est certain qu'ils se
mêleront de plus en plus à la politique de
l'Europe comme ils se mêlent à son commerce.

Sans doute l'effacement de la France dans le
monde tient en partie à des causes politiques.
Mais il suffit d'un regard sur nos chiffres pour

voir que la principale cause de notre affaiblissement relatif est la faiblesse incroyable de l'accroissement de notre population. Que l'on compare la population anglaise qui, sans aucune annexion de territoire, s'élève entre 1700 et 1890, de 8 à 38 millions d'habitants, sans compter les colons dont elle inonde l'Amérique, l'Australie, le Cap, l'Inde, etc., et la nôtre qui n'a même pas doublé depuis Louis XIV, malgré l'annexion de cinq provinces.

L'universalité de la langue française disparaît. — Les tableaux qui précèdent mesurent assez exactement l'influence politique et militaire de la France depuis deux siècles. Cette influence va sans cesse diminuant. Son influence morale et intellectuelle, autrefois si prépondérante, n'est pas moins compromise. La langue de Voltaire était celle que 27 pour 100 de la population européenne parlait de naissance. Aussi le reste de l'Europe intelligente s'efforçait de connaître un pareil langage. Aucun ne pouvait rivaliser avec lui. Aujourd'hui, qu'un nouveau Voltaire soit donné à la France, par qui sera-t-il compris? A peine par 46 millions d'individus (Français, Suisses, Belges, Créoles, Canadiens). Mais si cet écrivain est allemand au lieu d'être français, le cercle de ses lecteurs possibles augmente du simple au double, car les Allemands, Autrichiens et Suisses forment un total de 100 millions d'individus parlant allemand.

Enfin, si cet écrivain est anglais, ses ouvrages ont chance de se répandre sur la terre entière : aujourd'hui on compte 115 millions d'individus parlant anglais, et ce nombre augmente sans cesse[1].

Quantité et qualité. — « Soit, disent quelques optimistes entêtés ; mais la qualité des hommes vaut mieux que la quantité. Les Français sont de moins en moins nombreux, mais ils valent plus que les autres ! » Quelle prétention exorbitante et insoutenable ! Les Français ont assurément des qualités précieuses, mais ils ont, comme les autres hommes, des défauts regrettables. Faire la balance des uns et des autres est une opération terriblement délicate, et d'ailleurs un peu puérile : à notre époque, un Européen vaut un Européen, un Français vaut un Allemand ou un Anglais ; s'il y a une différence de valeur, il est douteux qu'elle soit en notre faveur, et d'ailleurs elle est si faible que ce n'est pas la peine d'en parler.

Diminution de la natalité depuis un siècle. — Cette décadence de la France est due, avonsnous dit, à la rareté des naissances dans notre pays. La France, en effet, est de tous les pays

1. Il s'agit de ceux dont l'anglais est la langue maternelle. Ceux qui ont l'anglais pour langue officielle sont au nombre de 440 millions ; ils forment presque le tiers de l'humanité.

de l'Europe, celui où la *natalité* est de beaucoup la moindre. Outre que la natalité est
très faible en France, elle y diminue sans
cesse. La France est le seul grand pays de
l'Europe où se rencontre cet inquiétant phénomène.

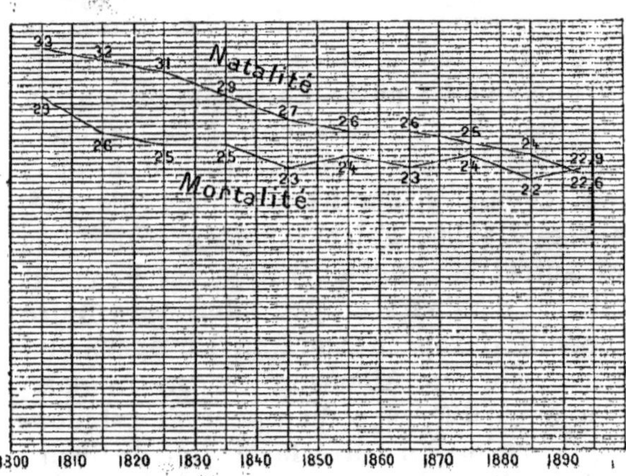

Les chiffres marqués sur la figure indiquent : Pour 1000 habitants, combien de naissances annuelles, combien de
décès annuels (moyenne décennale). Les ordonnées ont
une longueur proportionnelle à ces chiffres. La natalité
est en dernier lieu de 21,6 et non pas 22,6.

On voit que la natalité n'a pas cessé de décroître depuis
le commencement du siècle. La mortalité a décru un peu,
mais beaucoup moins. Il était donc fatal qu'à un moment
facile à prévoir les deux courbes se croiseraient. C'est ce
qui vient d'arriver.

Voici qui prouve que la natalité de la France

décroît continuellement depuis le commencement du siècle :

*Pour 1000 habitants, combien de naissances vivantes
en un an en France?*

1801-10. . . .	53	1851-60. . . .	26
1811-20. . . .	32	1861-70. . . .	26
1821-30. . . .	31	1871-80. . . .	25
1831-40. . . .	29	1881-90. . . .	24
1841-50. . . .	27	1891-95. . . .	21,6

On voit que le fléau s'est étendu sur notre
pays lentement et progressivement depuis le
début du siècle, marchant d'un pas égal sous
tous les gouvernements. Tous d'ailleurs y
étaient parfaitement indifférents : mieux encore,
ils l'ignoraient.

Cette plaie est générale à tout le pays.

Tous les départements, sans exception, présentent une diminution de la natalité depuis
le commencement du siècle. (Voir *France*, par
le Dr Bertillon père, dans le *Dict. Enc. des sc.
méd.*). Sur les bords de la Garonne, et plus
récemment en Bourgogne, elle a été particulièrement rapide; elle a été plus lente, mais
très sensible cependant, en Bretagne et même
dans le Nord.

Depuis le début du siècle, la natalité française, dans tous les départements, n'a cessé de
baisser et de se rapprocher du taux de la mortalité; à un moment donné, les deux courbes
devaient se croiser. C'est ce qui est en train

d'arriver pour chaque partie du territoire, ainsi que le montrent les chiffres suivants, extraits des derniers recensements :

	1886	1891	1896
Départements où la population décroît. .	29	55	63
— augmente.	58	32	23

C'est-à-dire qu'en dernier lieu, la diminution est générale, excepté dans les départements qui contiennent de grandes villes ; ceux-ci augmentent non par l'excès des naissances sur les décès, mais par l'immigration des campagnards vers les villes.

Depuis cinq ans, presque régulièrement, les décès l'emportent sur les naissances. A ce point de vue, les statistiques de 1895 sont particulièrement terrifiantes. Les décès l'emportent sur les naissances dans 58 départements, et parmi les 29 autres, il n'y en a que 2 (le Nord et le Pas-de-Calais) où l'excédent des naissances[1] soit sensible (19 835 pour les deux départements). Dans tous les autres, les résultats sont déplorables. Dans la Bretagne même (dont la fécondité est pourtant légendaire), l'Ille-et-Vilaine présente un excédent de

1. Encore faut-il remarquer que la natalité de ces deux départements, les deux plus féconds de France, est elle-même très faible. Elle est à peine de 29 naissances pour 1000 habitants. Très peu de régions, hors de France, présentent une natalité aussi restreinte.

décès, et les Côtes-du-Nord équilibrent à peine les leurs.

Mais que dire des départements normands, bourguignons, gascons? Dans la plupart d'entre eux, le nombre des décès excède d'*un tiers* celui des naissances! Par exemple dans l'Eure, il y a 6 100 naissances et 9 606 décès, c'est-à-dire 2 naissances pour 3 décès. L'Orne, l'Aube, la Côte-d'Or, le Gers, le Lot, Lot-et-Garonne, etc., sont logés à la même enseigne. Dans douze départements, il y a 3 décès pour 2 naissances, c'est-à-dire que voici le *schéma* des familles qui les habitent : lorsque les deux parents meurent, ils ont procréé deux enfants (voilà nos deux naissances) dont l'un est mort avant de s'être reproduit (voilà nos trois décès). A ce compte, il suffit d'une génération pour ruiner le pays.

Dans certains cantons, le mal est pire encore, et il y a 1 naissance pour 2 décès. Telle est la situation qui tend à se généraliser dans la France entière.

L'image de notre pays se trouve tout à fait graphique dans certaines parties du Cotentin, où M. Arsène Dumont a suivi génération par génération l'histoire de chaque famille. Aujourd'hui, il n'en subsiste presque plus une seule, les rares survivants du malthusianisme ayant émigré pour Paris afin d'y devenir fonctionnaires, concierges, garçons de salle. Des villages entiers ne sont plus qu'un amas de maisons ruinées : les guerres les plus désastreuses, l'incendie, la peste, n'auraient pas exercé de ravages plus terribles!

Et cela pourtant est le résultat du malthusianisme longuement et obstinément pratiqué. Mais il y a cette différence entre les causes violentes de dévastation et le malthusianisme, que cette dernière calamité, tout en détruisant lentement le pays, n'a fait souffrir en rien ses habitants. Tant il est vrai que les intérêts des individus peuvent être entièrement opposés à ceux de la collectivité!

C'est ce qui fait que si peu de gens s'effraient, comme ils le devraient, de la dépopulation de la France, et que notre pays disparaît lentement du monde sans qu'aucun des intéressés ne proteste.

C'est la mort par le chloroforme. Elle n'est nullement douloureuse, et pourtant c'est la mort!

La dépopulation est un fléau spécial à la France. — On a prétendu que la dépopulation est une conséquence de la civilisation, et on a donné à ce thème de brillants développements littéraires; il faudrait croire que la France est le seul pays qui soit civilisé, car c'est le seul grand pays de l'Europe où la natalité diminue avec cette implacable régularité. En voici la preuve tirée de l'expérience d'un demi-siècle :

Pour 1000 habitants, combien de naissances vivantes en un an?

	1841-50	1881-90
Allemagne (terr. actuel).	58	58
Autriche.	58	38
Angleterre.	33	53
Italie	37[1]	38
France.	27	24 puis 21,6

Ainsi la natalité de l'Allemagne, de l'Autriche et de l'Italie est invariablement de 38 naissances annuelles pour 1 000 habitants; en France elle est de 21 à 22 seulement. Et de plus, en France et en France seulement, elle va sans cesse diminuant !

De là vient cette décroissance numérique qui fait que la France n'occupe plus dans le monde la position véritablement privilégiée qui était la sienne au siècle dernier.

Pour que la France conserve son rang actuel (je ne dis pas pour qu'elle reconquière son rang ancien), il faut que la natalité s'élève à 38 comme chez ses voisins. Sa population étant de 38 millions et demi d'habitants, il lui faut donc 1 464 000 naissances, chiffre qui dépasse de 630 000, son chiffre actuel.

1. 1865-70.

II. — Conséquences fatales de la dépopulation de la France.

Finis Galliæ! A quelque point de vue que nous nous placions, c'est à cette conclusion navrante que ces chiffres nous acculent invinciblement.

Conséquences militaires. — Les conséquences politiques et militaires sont les plus faciles à saisir. Au lendemain de la guerre, la France et l'Allemagne avaient à peu près le même nombre de conscrits (296 324 en France et 330 136 en Allemagne), et nous pouvions avoir l'espoir légitime de reprendre ce que nous avions perdu. Aujourd'hui l'Allemagne a moitié plus (448 433) de conscrits que la France, qui a gardé son chiffre d'autrefois. Comme l'Allemagne depuis 1891 a deux fois plus de naissances (1 903 160) que la France (908 859), il est fatal que dans quatorze ans elle aura deux fois plus de conscrits. Alors, ce peuple qui nous hait nous dévorera ! Les Allemands le disent, l'impriment et ils le feront.

Ils le disent : certes, ils me l'ont assez dit lorsque je voyageais dans leur pays. Et ceux qui avaient le mauvais goût de m'infliger ce triste sujet de conversation n'étaient pas des statisticiens de profession; c'étaient des voyageurs quelconques, commerçants ou bourgeois

NOMBRE DES CONSCRITS FRANÇAIS ET ALLEMANDS DANS LE PASSÉ, LEUR NOMBRE DANS L'AVENIR D'APRÈS LE NOMBRE DES NAIS-SANCES MASCULINES.

Les chiffres marqués sur la figure représentent des milliers de naissances, des milliers de conscrits (moyennes annuelles). Les ordonnées ont une hauteur proportionnelle à ces nombres. On a représenté sur la même ordonnée des naissances masculines survenues à une époque, et les conscrits qui en sont provenus, c'est-à-dire les jeunes hommes inscrits 20 ans plus tard sur les listes du recrutement.

A partir de 1895 le nombre des conscrits est évalué d'après le nombre des naissances masculines survenues 20 ans auparavant. Il est représenté par un trait pointillé.

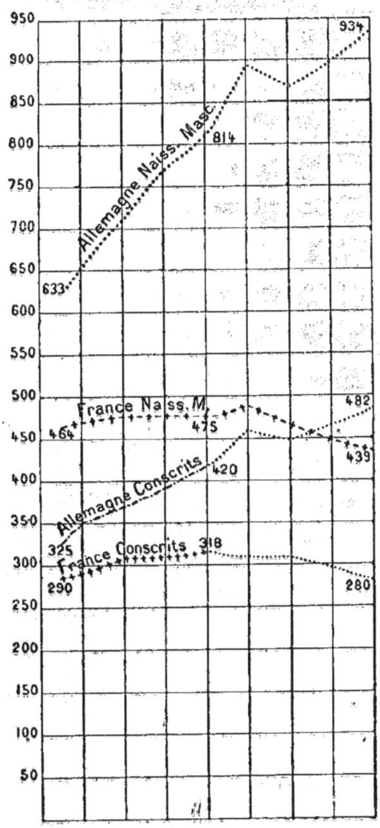

rencontrés en chemin de fer ou à table d'hôte et avec qui je liais conversation sans autre but que de m'exercer à mieux parler leur langue. J'ai parfois entendu dire qu'il était mauvais d'annoncer si haut le danger qui menace notre patrie, parce que c'est en instruire l'étranger. L'étranger, hélas! n'a rien à apprendre sur ce point, et j'ai vu que les Allemands, même les plus vulgaires, en savent sur ce point beaucoup plus long que la grande majorité de nos concitoyens[1].

Ils l'impriment! Écoutez ce que dit sur ce sujet le docteur allemand Rommel, dans un livre intitulé le *Pays de la revanche* : « La politique des races est impitoyable. Le moment approche où les cinq fils pauvres de la famille allemande, alléchés par les ressources et la fertilité de la France, viendront facilement à bout du fils unique de la famille française. Quand une nation grossissante en coudoie une plus clairsemée, qui, par suite, forme centre de dépression, il se forme un courant d'air vulgairement appelé *invasion*, phénomène pendant lequel la loi et la morale sont mises provisoirement de côté. »

1. « Les Français perdent tous les *jours* une bataille », disait le maréchal de Moltke. Il faut dire « tous les jours », et non pas « tous les ans », comme on le fait souvent. L'Allemagne gagne chaque *jour* 1 600 habitants de plus que la France. Il faut qu'une bataille soit importante pour se solder par une inégalité de 1 600 têtes entre les deux belligérants.

Ceci n'est qu'un des aspects de la question. Les autres ne sont pas moins tristes. Au point de vue économique, comme au point de vue intellectuel et moral, la France est en voie de disparaître.

Conséquences économiques. — La richesse même de notre pays, richesse dont nous sommes justement fiers, est compromise par l'état stationnaire de notre population. Nos exportations en 1867-76 s'élevaient, année moyenne, à 3 306 millions; en 1895 elles atteignaient 3 374 millions, soit une faible augmentation de 68 millions. Or, pendant ce temps, les exportations allemandes passaient de 2 974 millions de francs (moyenne de 1872-76) à 4 540 millions de francs (chiffre provisoire de 1896, inférieur à la réalité), soit 1 milliard et demi d'augmentation. La cause principale en est bien simple : le nombre de nos travailleurs n'augmente pas; ils ne peuvent guère produire plus qu'ils produisaient autrefois. Au contraire, l'Allemagne a vu le nombre de ses travailleurs passer de 41 millions à 52 millions, soit une augmentation de 11 millions de paires de bras; il est tout simple qu'elle produise davantage.

On répondra peut-être que la situation politique de l'Allemagne explique en partie ce résultat. Ce n'est pas prouvé, mais prenons un autre exemple. Le développement économique de l'Autriche est comme celui de l'Allemagne,

parallèle au développement de sa population, et il n'est certainement pas dû à l'éclat de la gloire militaire. L'Autriche en 1869-1873 exportait, année moyenne, pour 1 055 millions de francs (valeur nominale) de marchandises; en 1894, ce chiffre avait presque doublé (1 988 millions). Cela s'explique aisément, puisqu'elle a gagné 7 millions de travailleurs (population : 37 millions en 1870 et environ 45 millions aujourd'hui).

Tous ces peuples grandissent en force et en richesse, et nous, jusqu'à ce jour, nous restions stationnaires; désormais, nous ferons pis, nous diminuerons.

Conséquences au point de vue de l'influence française. — Nous avons vu plus haut que le français, qui naguère était la langue la plus répandue qu'il y eût dans le monde civilisé, a perdu ce privilège dans la marée montante des populations allemandes et anglaises.

Ainsi, ce n'est pas seulement notre puissance politique et militaire qui est menacée par l'insuffisance sans cesse plus lamentable de notre natalité, c'est aussi notre puissance économique, et c'est plus que cela encore, c'est l'influence intellectuelle et morale que nos écrivains exercent sur le monde, c'est le patrimoine intellectuel de la France qui est en voie de s'effriter !

La France colonisée par les étrangers. — Non

seulement la population française, faute de s'accroître, n'a pas la force de pénétration nécessaire pour se répandre au dehors, et pour utiliser son beau domaine colonial, mais elle n'arrive même pas à défendre son territoire contre la poussée des populations voisines.

Aussi le nombre des étrangers fixés en France augmente rapidement. Voici leur nombre à l'époque de chaque recensement :

Nombre d'étrangers recensés en France.

	ÉTRANGERS	NATURALISÉS	TOTAL
1851.	379.280	13.525	392.811
1861.	506.381	15.259	521.610
1866.	655.036	16.286	671.522
1872.	740.668	15.303	755.971
1876.	801.754	34.510	836.261
1881.	1.001.090	77.046	1.078.136
1886.	1.126.531	103.886	1.230.417
1891.	1.130.211	170.701	1.300.915

Aucun pays de l'Europe ne contient un nombre aussi énorme d'étrangers. Presque tous ces étrangers viennent se fixer en France, non pas pour y dépenser de l'argent, mais au contraire pour en gagner. D'après le recensement de 1891, il n'y en avait que 65 664 qui appartinssent à des familles vivant exclusivement de leur revenu.

Ainsi l'explication de leur présence en France est bien simple : les jeunes Français sachant bien travailler ne sont pas assez nombreux pour répondre à l'appel du travail ; l'industrie (et même l'agriculture) sont donc forcées d'accueillir des travailleurs de l'étranger. Comme le disait un professeur allemand, ils prennent la place de nos *non-nés*. Il est très heureux qu'il en soit ainsi, sans quoi il faudrait fermer une partie de nos usines. Mais il vaudrait incomparablement mieux qu'elles n'eussent pas à attirer ainsi chez nous l'étranger, c'est-à-dire le rival, l'ennemi, et, au jour du danger, l'espion.

L'état dont nous nous approchons est celui de cette usine, située près de Nancy, dont parle M. Debury. Son propriétaire est Allemand, capitaine de la landwehr; son contremaître, Allemand, également capitaine; tous ses ouvriers, Allemands et soldats allemands. Lorsque la landwehr est convoquée, l'usine est fermée. Les Français sont seulement admis à payer la gendarmerie qui la garde; s'il lui arrive cependant dommage, à payer une indemnité!

On a beaucoup facilité la naturalisation des étrangers et j'estime qu'on a eu raison, et qu'il y aurait lieu de la rendre non pas plus facile, mais moins onéreuse pour qui la sollicite et se montre digne de l'obtenir.

Cependant ce n'est pas là remédier au mal. On peut bien donner à un certain nombre d'étrangers un faux-nez français, et les droits qui y sont attachés, mais il est plus difficile de leur inculquer l'amour de la France, et le désir de remplir leur devoir à cet égard. Assurément il

y a parmi les naturalisés des patriotes sincères
et même ardents, mais il est permis de croire
que beaucoup de ces Français artificiels con-
servent pour leur première nationalité une
affection bien naturelle, et qui peut nuire parfois au dévouement qu'ils doivent à leur patrie
d'adoption.

*La diminution de la population est une cause de
pauvreté.* — Je dois en renouveler la démonstra-
tion, puisque, pour beaucoup d'hommes, elle
n'est pas faite. « Voyez la quantité des sans-
travail, disent-ils ; voyez la masse des miséra-
bles ; ne vaudrait-il pas mieux pour eux n'être
pas au monde? » Pur sophisme! Beaucoup de
ces sans-travail sont des ouvriers maladroits
qui ne trouvent pas de travail parce qu'ils ne
sont pas capables d'en produire de bon. Ils n'en
sont pas moins fort à plaindre ; mais leur proportion ne serait pas moindre parce que la population serait moins nombreuse, et on ne les
emploierait pas pour cela davantage ; on les
remplacerait, ce qu'on fait déjà, par des ouvriers étrangers et ils n'en seraient pas plus
heureux. — « Cependant, ne voit-on pas d'ex-
cellents ouvriers qui ne trouvent pas d'emploi? » En trouveraient-ils davantage parce que
la population serait moindre? Assurément non.
Supposons un cordonnier qui trouve tous les
ateliers au complet ; il est vite conduit à penser
qu'il y a trop de cordonniers sur terre et que,

si la population était moindre, leur nombre serait moindre aussi. Soit, mais il y aurait aussi moins de pieds à chausser et notre homme n'y gagnerait rien.

Le même raisonnement s'applique à toutes les professions sans exception.

Malthus prétendait qu'au banquet de la vie, il n'y avait pas place pour tout le monde. Il oubliait que les convives de ce banquet en sont aussi les cuisiniers, en sorte que le nombre des plats servis s'y proportionne à ceux qui les préparent. Pour qu'il commençât à avoir raison, il faudrait que le globe fût peuplé, au point que les subsistances vinssent à manquer, ce qui n'est pas possible à notre époque, où le blé et la viande sont tellement abondants qu'on en est venu à leur fermer nos frontières. Donc, les subsistances ne manquent pas ; quant au travail industriel, le meilleur moyen de le développer, c'est de développer le nombre des habitants. « L'Allemagne, disait notre courageux compatriote alsacien Ch. Grad, n'a jamais été aussi riche qu'à présent, avec le puissant accroissement de sa natalité. » Et, en effet, on s'accorde à rapprocher le développement du commerce allemand du développement de sa population.

On ne saurait trop le répéter : la population est la source de toute richesse, parce que toute richesse a pour origine le travail et que, le travail, ce sont les bras et les intelligences qui le produisent. Outre que la population produit la richesse, elle l'utilise, elle la consomme et provoque ainsi une production nouvelle. Pour qu'un pays soit prospère dans tous les sens de ce mot, pour qu'il soit riche, puissant et intelligent, il faut que sa population soit nombreuse. La dépopulation est donc bien un fléau : elle condamne notre pays à mort.

Mais on insiste : « N'êtes-vous pas touché, dit-on, de voir des ménages qui gagnent à peine leur propre subsistance et qui sont chargés d'enfants qu'ils ne peuvent pas nourrir? » Nous en sommes aussi touchés que personne et nous l'avons prouvé. L'*Alliance nationale pour l'accroissement de la population française* (26, avenue Marceau) supplie l'État d'entourer l'enfant et notamment l'enfant malheureux de toute sa protection et de toute sa tendresse. Elle est déterminée à réclamer cette protection jusqu'à ce qu'elle l'obtienne; si l'État se refuse à l'accorder, il manque à son devoir essentiel. Mais cette protection donnée à l'enfant ne va pas jusqu'à vouloir l'empêcher de naître.

III. — Causes de la dépopulation de la France.

L'affaiblissement de la natalité est dû à l'ambition du père pour son enfant. — Lorsqu'on étudie la répartition de la natalité entre les différents départements français, on s'aperçoit bien vite que la *natalité est d'autant plus faible que le pays est plus riche.*

La Normandie, la vallée de la Garonne, la Bourgogne, pays d'une richesse inépuisable, sont les régions les moins fécondes de la France. Au contraire, la Bretagne, la Lozère, l'Aveyron, pays très pauvres sont parmi les régions où la natalité a le moins diminué. Il en est de même du Nord et du Pas-de-Calais, pays très industriels où les pauvres sont nombreux.

Cette vérité peut encore se traduire ainsi : Dans les milieux où l'on pense à sa fortune (c'est-à-dire dans ceux où on en a, car on ne pense à sa fortune que lorsqu'on en a), on a peu d'enfants ; dans les milieux où l'on ne pense pas à sa fortune (parce qu'on n'en a pas), on a un nombre d'enfants suffisant.

Cela se vérifie aussi dans les différents quartiers de Paris. Dans les faubourgs pauvres, la natalité est assez élevée. Dans les quartiers riches, où chacun possède une fortune et entend la conserver, la natalité est d'une faiblesse invraisemblable.

La même loi se vérifie lorsque, au lieu de considérer de vastes régions, on en étudie de très restreintes. M. Chervin a montré que, dans le riche et stérile Lot-et-Garonne (riche en récoltes, stérile en hommes), les cantons les plus riches sont ceux où les naissances sont les plus rares, tandis que les cantons les plus pauvres ont une natalité moins misérable. Ainsi, dans les contrées riches, ce sont les plus riches qui sont les moins fécondes.

D'autre part, M. Arsène Dumont a prouvé que, dans les contrées pauvres, ce sont les plus pauvres qui sont les plus fécondes.

D'où vient cette loi si générale? Faut-il en accuser les mœurs prétendues corrompues des riches? Mais lisez l'étude attachante que M. Arsène Dumont a écrite, par exemple, sur les îles de Ré et d'Oleron. Il y peint des populations très douces dont les seules passions sont la lecture et la danse. La danse, toujours décente, est la préparation au mariage; les naissances illégitimes y sont extrêmement rares. On ne peut imaginer des mœurs plus douces ni plus honorables. Cependant la natalité de ces îles est des plus faibles.

De longs dithyrambes, renouvelés des anciens sur les temps et les mœurs, sont donc ici hors de saison. Dans les îles de Ré et d'Oleron, chacun est plus ou moins propriétaire; chacun a un bien à protéger; chacun est ambitieux pour ses enfants. Et ce sont ces vertus louables qui amènent la dépopulation du pays.

Ce sont donc des préoccupations d'argent qui sont ici seules en cause. On songe que, si l'on a des enfants, il faudra de l'argent pour les élever; mais surtout il faudra partager la fortune pour les doter, et la partager à nouveau lorsqu'ils hériteront. Conclusion : on évite d'en avoir.

L'homme, qui se charge d'une nombreuse famille, non seulement se charge d'un poids très lourd, mais charge ses enfants. Il veut éviter ce double mal, et je me hâte de dire qu'en bon père de famille il craint le second plus que le premier.

Cela est tellement vrai que, dès qu'il y a une raison pour que ces préoccupations disparaissent, aussitôt la natalité se relève. La thèse de M. Lancry en donne un bel exemple :

Fort-Mardick (Nord), près Dunkerque, est une commune constituée par Louis XIV, d'après les principes suivants qui sont encore en usage aujourd'hui. Toute famille nouvelle qui se constitue, lorsqu'un des conjoints est né dans la commune et que le mari est inscrit maritime, reçoit *en usufruit* (en usufruit seulement, là est le point) 22 ares et, en outre, une place sur la plage pour la pêche au filet. La commune a reçu de Louis XIV, en tout, 125 hectares de terre; ce qui n'est pas distribué en usufruit est loué 5 000 francs au profit de la commune. Les ménages concessionnaires « ne peuvent concéder qu'à leurs enfants seulement les parcelles de terre qu'ils occupent. Dans aucun cas, la parcelle ne pourra être scindée. » De là résulte qu'elle échappe aux créanciers. Elle ne peut

être ni augmentée, ni divisée. Elle est inalié-
nable, indivisible et inextensible.

Voilà donc une population passablement aisée
et pourtant étrangère à toute préoccupation
d'héritage. On peut dire qu'elle échappe au
Code civil.

Il en résulte que les mariages sont nombreux
(environ 11 pour 1000 habitants) et aussi pré-
coces que le permet le service maritime (âge
probable du mariage des hommes, 24 ans);
les naissances illégitimes sont par conséquent
très rares (1 sur 60 naissances). Au contraire,
la natalité légitime, et c'est là le point important, est extrêmement élevée; elle atteint 43 pour
1000 habitants, c'est-à-dire qu'elle n'est dépas-
sée en Europe que par la Russie. Mais ce qui
n'arrive pas en Russie, c'est que, sur ces 43 enfants nés vivants, 33 atteignent l'âge de 20 ans[1].

Voilà donc un pays dans des conditions démographiques excellentes; il est permis de les
rattacher à son organisation si étrange.

M. Arsène Dumont nous a décrit, dans une
région de la France tout à fait différente, un
phénomène analogue. Au Fouesnant (Finistère)
existe un usage tout à fait comparable à celui
du Fort-Mardick. Tout homme qui revient du
service militaire va proposer à un propriétaire

---

1. La population de Fort-Mardick était, en 1729, de 204 habitants; en 1851, de 615 habitants; en 1896, de 1672 habitants.

de lande de lui abandonner, pour un temps très long, une parcelle de cette terre inculte. Il la défriche, s'y établit, s'y marie et y a beaucoup d'enfants; car il n'a aucune inquiétude à avoir pour ses descendants. La lande est immense, et il sait qu'eux aussi pourront en cultiver une parcelle; le propriétaire y gagnera d'avoir, au bout d'un certain temps, un champ de rapport au lieu d'une terre inculte, et ils auront eu, eux, l'avantage d'y passer leur vie sans trop de souci.

Ainsi, même en France, dès que disparaît la préoccupation de la fortune à conserver (c'est-à-dire à ne pas partager), la natalité prend un essor considérable.

Le Canada nous offre, à cet égard, un champ d'expérience incomparable. La province de Québec est habitée par une population principalement française semblable à la nôtre, animée du même esprit de travail et d'épargne. Mais la loi admet la liberté de tester et les notaires du pays m'ont déclaré que les pères de famille en usent très généralement. Ils ne laissent rien à leurs filles (parce qu'ils pensent que c'est à leur gendre de pourvoir aux besoins de sa famille), rien à ceux de leurs fils qui ont reçu une éducation libérale et qui sont devenus médecins, prêtres, avocats, etc. (parce qu'ils pensent que l'éducation qu'ils ont reçue constitue un patrimoine suffisant); parmi leurs autres fils, ils choisissent celui qui leur paraît

le plus apte à continuer leur industrie ou leur
commerce, et c'est à lui qu'ils laissent leurs
biens et la suite de leurs affaires. La conséquence de cet état de choses est que la natalité
s'élève, dans la population française de la province de Québec, à 48 pour 1000 habitants, natalité qui dépasse le double de la nôtre, et qui
dépasse tout ce que nous voyons en Europe[1].
Cette forte natalité tient principalement à ce que
les Canadiens ne voient pas, comme nous, une
relation entre le nombre de leurs enfants et la
conservation de leur fortune. La loi les délivre
de cette préoccupation.

Elle devrait exister ailleurs qu'en France,
puisque notre pays n'est pas le seul où la loi
prescrive le partage égal. Plusieurs de ces pays,
notamment la Belgique et certaines parties de
la Suisse, voient leur natalité diminuer[2].

1. On dit quelquefois en France que cette forte natalité
tient à ce que le Canada est un pays peu peuplé. Cette
opinion est au moins exagérée. La concurrence vitale est
au contraire assez dure au Canada. La majorité des émi-
grants canadiens ne se dirige pas vers les contrées nou-
velles, mais trouve préférable d'aller dans les États de la
Nouvelle Angleterre faire concurrence aux ouvriers améri-
cains. Ce n'est donc pas parce que la vie est facile (elle ne
l'est pas) que la population se multiplie.

2. Plusieurs autres pays, quoique ayant adopté le code
Napoléon dans son ensemble, ont augmenté considérable-
ment la liberté de tester. En Italie, la quotité disponible
est de la moitié, quel que soit le nombre des enfants. Dans
le grand-duché de Bade et une partie de la rive gauche du
Rhin, l'usage des fidéicommis et surtout le *Bauernhofrecht*
permettent d'éviter le partage des fortunes.

Si c'est en France que cette préoccupation nuit le plus à la natalité, c'est que la France est, plus qu'aucun autre peut-être, un pays de petits propriétaires; c'est que, plus qu'aucun autre, il est prévoyant et économe.

Objections. — Faut-il répondre à ceux qui attribuent l'affaiblissement de la natalité française au gouvernement républicain? L'esprit de parti a seul pu dicter une telle conclusion. Si elle était fondée, le remède au mal serait à la portée de notre main. Mais, hélas! il n'en est pas ainsi, car la natalité, nous l'avons vu, a baissé d'un pas égal depuis le commencement du siècle sous tous les gouvernements sans exception.

On l'a attribué, avec plus de raison peut-être, à l'affaiblissement des convictions religieuses. Cette cause est niée par de fort bons esprits, parce qu'il est très difficile de donner la preuve statistique de sa réalité : la statistique mal interprétée indiquerait même le contraire, car le faubourg Saint-Germain, quoique sincèrement pieux, présente une natalité bien inférieure à celle de Ménilmontant, quoique le tiers des enterrements y soient civils.

En Belgique, la natalité diminue malgré le progrès des convictions religieuses et quoique ce pays se soit donné, depuis plus de dix ans, un gouvernement exclusivement catholique.

C'est qu'en effet, l'influence des convictions

religieuses, si tant est qu'elle soit réelle en pareille matière, — mon avis est qu'elle l'est, — est du moins très secondaire et dominée de beaucoup dans la plupart des familles (mais non pas dans toutes) par des considérations de fortune dont j'ai précédemment parlé. L'ambition mal comprise du père pour son enfant, voilà la véritable cause du fléau.

IV. — Des remèdes à apporter au fléau.

L'inaction est stupide et criminelle. — Contre un mal aussi grave, certains sages professent qu'il n'y a rien à faire! Ils disent que la France est perdue, et se résignent à assister à sa mort avec autant de sérénité qu'un physiologiste étudie les convulsions d'un petit lapin empoisonné. Que penseraient-ils d'un capitaine de vaisseau qui dirait : « La tempête est trop forte! Je ne puis rien pour sauver mon bateau », et qui irait se coucher dans sa cabine. Hé! mon ami, commande ton équipage; épuise toutes les chances de salut. Ta tâche sera finie quand tu auras vingt pieds d'eau au-dessus de la tête. A ce prix, tu gagneras du moins de n'être pas un lâche!

Rejetons donc avec mépris cette première opinion. C'est un blasphème et une sottise que de porter si promptement et si légèrement le deuil de la France. Un pays de 38 millions d'habitants riches, laborieux et patriotes comme le

sont les Français, a encore des chances de salut,
si dangereuse que soit la pente sur laquelle il
se laisse glisser. En 1841, la France (actuelle)
et l'Allemagne (actuelle) avaient une population
à peu près égale. Aujourd'hui l'Allemagne compte
14 millions d'habitants de plus que la France.
Cinquante ans sont peu de chose dans la vie
d'un peuple : ce que cinquante ans ont fait contre
nous, cinquante ans peuvent le faire en sens
inverse.

La France et l'Allemagne sont comme deux
familles qui, également riches au début, auraient
placé leurs fonds, l'une à 3 pour 100, l'autre à
4 1/2 pour 100. Si ces deux familles sont également
économes, la seconde, au bout d'un demi-
siècle, sera beaucoup plus riche que la première. La déchéance de celle-ci sera-t-elle sans
remède? Non. Il lui suffira de faire, sans tarder,
un placement de son argent un peu plus avan-
tageux.

Les familles françaises ont, en moyenne, trois
naissances vivantes, et les familles allemandes
un peu plus de quatre. Est-il impossible de
déterminer les familles françaises à procréer
une naissance ou deux de plus?

Nous ne le croyons pas.

Les remèdes proposés contre la dépopulation
de la France sont innombrables. « Il faut les
appliquer tous, disait Jules Simon, afin d'être
sûr d'employer celui qui sera efficace. » Soit,

mais cela ne dispense pas de les classer afin de réclamer d'abord les plus actifs.

Je rappellerai d'abord ceux qui me paraissent illusoires. On peut certes les appliquer, suivant le précepte de Jules Simon, mais on ne doit pas compter sur leur efficacité.

A. — REMÈDES ILLUSOIRES

Il semble bien que les nombreux écrivains qui ont agité, dans ces derniers temps, la question de la dépopulation de la France, n'aient cédé qu'au désir de servir les idées qui leur sont particulièrement chères, quelque rapport que ces idées eussent d'ailleurs avec ce sujet.

Les réformes auxquelles la dépopulation de la France a servi de tremplin peuvent se diviser, malgré leur très grande variété, en quatre catégories : 1° Réformes sociales diverses; 2° Augmentation du nombre des mariages; 3° Diminution de la stérilité involontaire; 4° Diminution de la mortalité.

Nous dirons un mot de chacune d'elles :

Examen des réformes sociales diverses proposées dans le but hypothétique d'élever la natalité. — Personne n'a jamais indiqué que *l'émancipation de la femme*, la *recherche de la paternité*, la *suppression du divorce*, ou au contraire *des lois rendant le divorce plus facile* augmenteraient la natalité. Jamais on n'a donné, à l'appui de ces fantaisies, une preuve ni un commencement de preuve. On

peut assurément être partisan de ces réformes;
mais, encore une fois, tout cela n'a aucun rapport avec le sujet qui nous occupe.

Des *réformes socialistes*, ayant pour effet de
diminuer la part du capital pour augmenter
d'autant la part du travailleur, auraient-elles
quelque effet sur la natalité? Je ne puis me pro-
noncer sur cette question, faute d'éléments pour
l'étudier. Cependant, la rémunération du capital
n'a cessé de diminuer depuis le commencement
du siècle; on peut même estimer qu'elle a diminué de près de moitié, car l'intérêt normal de
l'argent était autrefois de 5 pour 100, et il n'est
plus aujourd'hui que de 3 pour 100. Cela n'a
pas empêché la natalité de décroître dans notre
pays. Augmenterait-elle si le capital venait à
n'être plus rémunéré du tout? Je n'ai pas à
examiner cette question difficile et très hypothétique, car, si cela arrive, ce ne pourra être
que dans un avenir extrêmement éloigné. Or, la
lutte suprême, celle à laquelle notre pays doit
penser toujours, aura eu lieu depuis long-
temps.

La *restauration des idées religieuses*, si elle était
possible, aurait peut-être quelques effets sur la
natalité. Les études démographiques montrent
la grande influence que la religion a sur les
mœurs, et même sur des phénomènes de patho-
logie morale (sur la fréquence des suicides, par
exemple), et prouvent que les hommes mettent

en pratique, plus qu'on ne pourrait le croire, les prescriptions de leur religion; or, toutes les religions prescrivent à l'homme, plus ou moins impérativement, d'avoir une postérité aussi nombreuse que possible. Il est donc possible qu'il existe un rapport entre la natalité et le degré de sincérité des convictions religieuses. Mais il est manifeste que, quoi qu'on fasse, on ne poura pas changer notre siècle, ni l'empêcher d'être de plus en plus incrédule.

Examen sommaire des mesures proposées en vue d'augmenter le nombre des mariages. — La nuptialité est en France à peu près ce qu'elle est ailleurs. A vrai dire, elle semble diminuer depuis quelques années. Cependant ce n'est pas là que le bât nous blesse.

On a proposé, pour augmenter le nombre des mariages, de *simplifier les formalités nécessaires pour le mariage.* Je crois ces formalités en effet trop longues, trop nombreuses et trop coûteuses[1]. Les pays mêmes qui ont fait la sottise de copier notre Code civil ont pris soin d'en rayer tout ce chapitre, et ils ont bien fait. Mais on se tromperait fort si l'on croyait augmenter sensiblement le nombre des mariages en supprimant ces formalités nuisibles. Quand on veut

1. La loi du 20 juin 1896, qui était destinée à les simplifier, est d'une lamentable insuffisance. Lorsqu'on lit les discussions auxquelles elle a donné lieu, on voit la difficulté extrême d'obtenir du législateur actuel une réforme même très simple et d'une évidente nécessité.

se marier, on y arrive généralement, malgré les
obstacles que le législateur a maladroitement
accumulés. Au besoin, la chose se termine par
un faux ménage, et la natalité y perd en somme
peu de chose.

On a proposé aussi, pour augmenter les
mariages, la suppression violente des couvents.
On a bien peu réfléchi avant de parler ainsi :
sait-on de combien de naissances on aurait
chance d'augmenter la natalité? Les couvents
renferment actuellement 60 000 femmes environ. Supposons qu'elles soient aussi dispo-
sées que les autres femmes à se marier (ce qui
n'est pas vrai ; car, puisqu'elles se sont retirées
au cloître, c'est que la vie de famille ne les atti-
rait guère) ; un calcul simple nous montre qu'elles
produiraient 4 500 naissances annuelles. Ainsi,
il manque à la France 600 000 enfants chaque
année, et on lui en propose 4 ou 5 000 au plus! Et
cela au moyen d'une mesure violente, indigne
d'un siècle de tolérance!

*Examen des mesures ayant pour but de dimi-
nuer la stérilité involontaire.* — Et, d'abord, cette
stérilité involontaire est-elle aussi fréquente
qu'on le prétend? Notre très respecté maître,
Jules Rochard, s'est étonné de voir que, d'après
le recensement, il y eût 2 millions de familles
stériles.

Ce nombre ne paraît pourtant pas exorbi-
tant. On ne peut le comparer à ses similaires

étrangers, car la France est le seul pays où une recherche de ce genre ait été faite par recensement[1]. Cependant, d'après différents gynécologistes (allemands pour la plupart) cités à l'Académie de médecine, le nombre des familles stériles serait de 16 pour 100. Or, c'est exactement la proportion observée en France d'après le dénombrement de 1896. Ce qui doit étonner l'observateur, ce n'est pas le nombre des familles stériles, c'est le peu de fécondité des familles fécondes.

Voici d'autres chiffres qui montrent que la stérilité absolue n'est pas cause de l'affaiblissement de la natalité française. Cette intéressante recherche des familles stériles avait été faite en 1856, à une époque où la natalité française était un peu plus élevée qu'à présent; or, le nombre des familles fécondes n'a pas diminué pendant cet intervalle de trente ans; ce qui a diminué c'est la fécondité des familles.

FRANCE (moins la Seine, l'Alsace-Lorraine et les deux Savoies). *Sur 100 familles (époux mariés), combien avaient un ou plusieurs enfants et combien n'en avaient pas?*

	AVEC ENFANTS	SANS ENFANTS
1856	83,6	16,4
1886	83,3	16,7

1. Elle l'a été dans quelques villes; les familles sans enfants au jour du recensement y sont toujours plus fréquentes que dans les campagnes; à Paris, leur proportion

Ainsi, la proportion des ménages absolument stériles n'augmente pas en France; et, en outre, cette proportion paraît être celle que l'on observe en tous pays. Ce n'est donc pas la cause de la dépopulation de la France.

J'insisterai à peine sur les remèdes que l'on a proposés pour combattre cette stérilité soi-disant excessive. Il suffit presque de les citer pour en voir l'inanité.

On a dit qu'on diminuerait le nombre des femmes stériles (et surtout des hommes stériles) en combattant l'abus du tabac, l'abus de l'alcool, la syphilis. Est-ce que ces fléaux n'existent pas chez les autres peuples autant et plus que chez nous? Rien de mieux que de les combattre, mais c'est en exagérer singulièrement l'importance que de rattacher leur existence à la dépopulation de la France. Il y a mieux : le médecin d'un bureau de bienfaisance de Paris m'a déclaré que les familles nombreuses qui s'adressent à son dispensaire ont presque toutes à leur tête un alcoolique! Cette observation pittoresque ne doit certes pas nous rendre partisans de l'ivrognerie, mais elle achève de nous montrer que ce n'est pas la suppression de l'alcoolisme qui relèvera la natalité française. Ce serait plutôt le contraire!

s'élève à 26 pour 100 (au lieu de 16 en France). Elle est de 24 à Rio de Janeiro (1890), de 23 à Palmas (Brésil), et de 20 à Berlin (1885).

Examen des mesures proposées en vue d'abais ser la mortalité. — Comme la question de la dépopulation de la France a été surtout discutée par des médecins, c'est à des théories médicales que cette question a surtout servi de tremplin.

Les médecins raisonnent volontiers comme s'ils disposaient à leur gré de la vie humaine. Ce n'est pourtant pas le cas. Il est très difficile d'empêcher un homme de mourir; les plus savants médecins n'y arrivent pas. Tandis qu'il est très facile de faire naître un homme; cela est à la portée du dernier manœuvre.

Je ne crois donc pas que les mesures proposées soient efficaces ni que, même lorsqu'elles sont efficaces, elles soient pratiques. Voyez quelle peine on a à tirer parti, après un siècle d'expérience, de la vaccine, la seule arme presque infaillible qu'on ait contre la maladie.

Assurément, un pays a le devoir de se garer, autant que possible, contre la maladie et contre la mort. Il faut, dans ce but, faire tout le nécessaire, exactement comme on fait tout le nécessaire pour guérir un malade atteint de pneumonie ou de toute autre maladie. Mais il ne faut pas non plus se bercer d'illusions, et il faut bien avouer que l'efficacité de ces mesures, prises par acquit de conscience, est des plus douteuses. Les déconvenues de l'hygiène sont presque aussi nombreuses que celles de la médecine.

La mortalité n'est pas élevée en France. Elle y est bien moindre qu'elle ne l'est dans les pays de même latitude. C'est ce qui ressort du tableau suivant :

Sur 1000 habitants combien de décès en un an (1881-1890) ?

Au sud au 45° latitude . . .	Espagne	32
	Italie	27
En partie au sud, en partie au nord du 45° latitude . .	France	22
Du 45° au 50° latitude . . .	Hongrie	32
	Autriche	29
	Bavière	28
	Wurtemberg	26
	Bade	24
Du 50° au 55° latitude . . .	Saxe	28
	Prusse	25
	Belgique	20
	Pays-Bas	21
	Angleterre et Galles .	19
	Irlande	18
Au nord du 55° latitude . .	Ecosse	19
	Danemark	19
	Norvège	17
	Suède	17

On voit que la mortalité française est moindre que celle des pays de sa latitude et même que celle d'un grand nombre de pays situés plus au nord.

On ne peut donc pas espérer la voir diminuer bien sensiblement.

En matière d'hygiène, les Anglais sont nos maîtres ; ils n'ont pas craint de prendre, en sa

faveur, des mesures souvent rigoureuses; ils
ont dépensé beaucoup d'argent intelligemment
employé; le goût de la propreté est très répandu
en Angleterre. La petitesse des maisons dont
chacune ne loge, le plus souvent, qu'une seule
famille, enfin l'aisance de plus en plus générale
de la population, sont des éléments de succès.
Nous ne pouvons donc pas espérer faire mieux
qu'eux. Voyons donc quelle différence existe
entre eux et nous au point de vue de la fréquence des maladies dites « évitables ». Dans
les villes françaises, ces maladies causent
227 décès annuels pour 100 000 habitants. Dans
les villes anglaises, ce chiffre, malgré tout ce
qu'on a pu faire, est de 221. La différence est
presque insignifiante; supposons que la France
entière en bénéficie, elle comptera 2 300 décès
annuels de moins. Au point de vue humani-
taire, c'est beaucoup; au point de vue de la
population, ce n'est rien.

L'hygiène très sévèrement pratiquée pourrait peut-être abaisser la mortalité infantile,
mais cela, à une condition presque irréalisable,
c'est de mépriser souverainement la liberté
individuelle. J'en citerai un exemple. Le comité
consultatif d'hygiène publique de France, dont
j'ai l'honneur de faire partie, a été consulté par
le ministre de l'Intérieur sur la suite à donner
à une pétition qui réclamait l'interdiction des
biberons à tube. Le comité a été unanime à

renouveler l'anathème, cent fois lancé déjà, contre ce biberon meurtrier, mais unanime aussi à déclarer que grâce à la liberté de l'industrie, on ne peut en interdire la fabrication; grâce à la liberté du commerce, on ne peut en interdire la vente; grâce à la liberté des pères et mères de famille, on ne peut en interdire l'usage. On ne peut que le déconseiller, ce qu'on fait depuis 20 ans sans aucun succès, car les conseils des savants ne peuvent rien contre une réclame bien organisée. Presque toutes les réformes que l'on proposera se heurteront à des obstacles de ce genre.

Sauverait-on, au moyen de mesures très rigoureuses, un nombre notable d'enfants de la mort, que l'on n'améliorerait pas pour cela l'état de la population française : une loi démographique très connue nous enseigne qu'on n'aboutirait qu'à abaisser d'autant la natalité.

Rappelons-nous en effet l'état démographique des départements malthusiens; les deux parents meurent après avoir procréé deux enfants dont l'un est mort avant de s'être reproduit : sauvez celui-ci de la mort, vous empêcherez l'autre de naître; la population n'y aura rien gagné.

La mortalité des adultes et celle des vieillards contribuent aussi à accélérer la natalité. La mort d'un adulte laisse un emploi vacant, et permet la création d'un nouveau ménage et la

naissance de nouveaux enfants. Il en est de
même d'un vieillard riche : son héritage facilite
l'établissement de ses enfants ; et il en est de
même aussi d'un vieillard pauvre ; il constitue
pour ses descendants une charge qui peut les
empêcher de se marier et d'avoir des enfants ;
sa mort favorise donc la natalité. Ainsi s'explique la loi du parallélisme des mouvements
de population que les statisticiens ont mainte
fois observée.

Ainsi un abaissement sérieux de mortalité,
s'il pouvait être obtenu (nous avons vu combien
cela serait difficile), serait suivi, toutes choses
égales d'ailleurs, d'un abaissement de la natalité : on aurait donc une population plus âgée,
plus chétive, mais non pas plus nombreuse.

On peut comparer une société humaine à un
bassin d'une capacité donnée, et muni d'un flot-
teur, de façon à le tenir toujours rempli d'eau.
Il y a un robinet d'entrée (c'est la natalité et
l'immigration) ; mais il ne s'ouvre que dans la
mesure où est ouvert le robinet de sortie (ce
robinet de sortie c'est la mortalité et l'émigration). Impossible d'ouvrir l'un sans ouvrir
l'autre.

On peut comparer encore une société humaine à une forêt d'une étendue déterminée.
Dès que le bûcheron fait des clairières dans la
forêt, les rejets et les stolons bourgeonnent de
toutes parts, et la forêt se reconstitue, sans

qu'on ait à s'occuper de son peuplement. S'il en est autrement, c'est qu'il y a quelque vice, quelque germe malfaisant qui contrarie l'effet bienfaisant de la nature. Il faut alors que le forestier recherche cette cause de stérilité et la supprime; qu'il éloigne la dent dévastatrice des chèvres et les autres animaux nuisibles qui détruisent les jeunes pousses de sa forêt. Mais que dire de celui qui, contre un pareil malheur, n'imaginerait autre chose que d'écarter la hache du bûcheron et de conserver ses arbres indéfiniment! Il n'arriverait qu'à vieillir inutilement sa futaie, et, finalement, serait vaincu dans cette lutte contre la mort; car, la loi des sociétés vivantes, des forêts comme des nations, c'est le renouvellement perpétuel des êtres.

L'œuvre impossible tentée par ce forestier ignorant n'est autre que celle que conseillent des médecins trop confiants dans leur art.

La lutte, d'ailleurs très nécessaire, qu'ils veulent soutenir contre la mort, pourra, sans doute, conserver un certain nombre de malheureux dont la mort prématurée doit nous toucher. Mais elle n'a, au point de vue du chiffre de la population, aucune espèce d'intérêt. Outre qu'elle ne peut abaisser la mortalité que d'une quantité insignifiante, cet abaissement même de la mortalité ne peut avoir d'autre effet que de diminuer encore le nombre des naissances.

La France a peu de décès, si peu qu'il faudrait une espèce de prodige pour qu'elle en eût moins. Pourquoi attacher le salut de la patrie à la réalisation de ce prodige?

La France a extrêmement peu de naissances, beaucoup moins qu'il n'est naturel à un peuple d'en avoir. N'est-il pas logique de vouloir la faire rentrer dans la règle commune?

Pourquoi, au lieu de monter dans la maison par l'escalier, vouloir y monter le long du mur?

B. — DES MESURES EFFICACES

Il faut combattre le mal dans ses causes. — Ces causes sont de détestables mœurs familiales dictées par des considérations d'argent. Ce sont ces mœurs qu'il faut réformer, et puisque l'argent est en cause, c'est par lui qu'il faut agir.

Contre le mal qui ronge la France, on pourrait, certes, réclamer des mesures énergiques, douloureuses au besoin; celles que nous réclamons ne sont qu'équitables.

Elles respectent pleinement la liberté individuelle, et même elles l'augmentent. Elles ont pour but de faire savoir aux Français qui l'ignorent le tort que leur égoïsme mal entendu fait à leur patrie; elles visent surtout à modifier les mœurs et à appeler sur les familles suffisamment nombreuses le respect profond et la protection qui leur sont dus. Enfin, elles se proposent de faire concorder l'intérêt général avec l'intérêt particulier; les lois actuelles ont précisément l'effet contraire.

Tout homme a le DEVOIR *de contribuer à la perpétuité de sa patrie exactement comme il a le devoir de la défendre.* — Telle est la vérité morale que les Français ont oubliée et qu'il s'agit de leur inculquer. De beaux discours seraient impuissants à remplir une tâche aussi énorme. Pour convaincre la masse des hommes, il faut des faits palpables qui les touchent personnellement et qui les atteignent tous.

Cela nous conduit à admettre le principe suivant, qui, d'ailleurs, est évident par lui-même :

Le fait d'élever un enfant doit être considéré comme une forme de l'impôt. — En effet, payer un impôt, c'est s'imposer un sacrifice pécuniaire au profit de la nation entière. C'est ce que fait le père qui élève un enfant.

Pour que cet impôt soit acquitté par une famille, il faut qu'elle élève TROIS *enfants.* — En effet, il en faut deux pour remplacer les deux parents et il en faut en outre un troisième, car sur les trois, il y en aura en moyenne un qui ne se reproduira pas. Donc la famille qui (volontairement ou non, peu importe) n'élève pas trois enfants, s'impose des sacrifices insuffisants pour l'avenir de la nation. Elle est libre de le faire, mais elle lui doit un dédommagement. Au contraire, celle qui élève plus de trois enfants s'impose un supplément de charges dont on

doit la dédommager toutes les fois que l'occasion s'en présente, et elle se présente souvent.

Le principe du dégrèvement proportionnel au
nombre des enfants a été adopté, très timide-
ment d'abord, puis un peu plus largement par
le ministre des finances[1]. *L'Alliance nationale*

[1] M. Doumer, ministre des finances, avait proposé quelques allègements de charges en faveur des familles nombreuses : son successeur M. Georges Cochery, avec qui
le bureau de *l'Alliance nationale* a eu l'honneur d'avoir
deux entrevues, a été plus loin dans cette voie; son projet
de loi du 4 juin 1896 nous donnait une première satisfaction; celui du 9 février 1897 est encore plus favorable à
notre thèse. L'exposé des motifs s'exprime ainsi : « Les
résultats du dernier dénombrement nous ont confirmés
dans l'opinion que tout projet de réformes des contributions directes devait comporter aujourd'hui plus que jamais
de larges détaxes en faveur des familles nombreuses.... La
déduction des charges de famille organisée par l'article 15
constitue une mesure réclamée par tous. »
La France ne sera pas entrée la première dans cette voie.
L'esprit de justice a inspiré de semblables réformes à des
gouvernements qui n'ont pas à se préoccuper de la dépopulation. Des dégrèvements sont accordés en raison du
nombre des enfants, en Prusse, en Saxe, dans la plupart
des Etats secondaires de l'Allemagne (Hambourg, Brême,
Lubeck, Anhalt, Saxe-Altenbourg, Saxe-Cobourg, Saxe-
Gotha, Schwartzbourg-Rudolstadt, Schwartzbourg-Son-
dershausen, etc.), en Serbie, en Norvège, en Suède, dans
plusieurs cantons suisses. En Autriche, les ministres des
finances, Steinbach et Plener, ont successivement proposé
de réduire la cotisation des pères de famille de 25 florins
(62 fr. 50) par enfant au delà de deux dans les villes, de
quatre dans les campagnes.
L'Etat n'est pas le seul pouvoir public qui puisse entrer
dans cette voie. Les Conseils généraux et surtout les
Conseils municipaux peuvent l'y aider. Quelques-uns ont
déjà donné l'exemple, sous l'impulsion de *l'Alliance nationale*, nous citerons Arcueil, Maisons-Alfort, Romo-
rantin, etc.

n'y a pas été étrangère. Mais il serait facile, il serait nécessaire, d'aller dans cette voie beaucoup plus loin.

Possibilité de dégrever complètement de tout impôt les familles de plus de trois enfants. — Pour y parvenir sans que le Trésor y perde rien, il suffit de charger d'un *cinquième* seulement les familles moins prolifiques. En effet, l'état démographique de la France est tellement déplorable que les familles de plus de trois enfants ne forment que la sixième partie des familles françaises; c'est ce qui résulte du tableau suivant :

France. — Dénombrement de 1891.

Célibataires masculins de plus de 50 ans	1.376.591	soit 12 0/0	
Familles sans enfants	1.848.572	— 15 —	
— ayant 1 enfant	2.639.891	— 22 —	
— ayant 2 enfants	2.561.202	— 20 —	
— ayant 3 enfants	1.595.960	— 13 —	
— ayant plus de 3 enfants	2.122.210	— 17 —	
— ayant un nombre d'enfants inconnu	189.594	— 1 —	
TOTAL	12.127.023	100	

On voit clairement que, pour dégrever *complètement* les deux millions de familles de plus de trois enfants, il suffit de charger les dix autres millions de familles d'un supplément d'impôt de 20 pour 100. Cela est donc parfaitement praticable. Mais il nous paraît plus équitable d'échelonner ce supplément d'impôt et de le rendre inversement proportionnel au nombre

des enfants. On pourrait, par exemple, attri-
buer :

Aux célibataires masculins de plus de 50 ans, un supplément d'impôt de 50 0/0
Aux ménages sans enfant. 40 0/0
      —   ayant 1 enfant 30 0/0
      —   —   2 enfants. 10 0/0
      —   —   3 enfants, l'impôt actuel sans sur-
                        charge,
      —   —   plus de 3 enfants, dégrèvement com-
                        plet.

Un calcul simple montre que le Trésor y gagnerait. En effet, il perdrait 2 122 210 parts con-
tributives et il en recouvrerait d'autre part
2 456 112. Il y gagnerait beaucoup plus encore,
car les familles de quatre enfants et plus sont
généralement pauvres et payent péniblement
des contributions médiocres. Au contraire, les
contribuables que nous proposons de surtaxer
sont riches pour la plupart, et la surtaxe qui
les frapperait serait généralement productive.

Semblable mesure devrait être appliquée non
seulement à la taxe mobilière, mais à tous les
impôts directs. Elle devrait l'être surtout aux
impôts de succession. En toute circonstance on
devrait dire aux familles insuffisamment fécondes et à ceux qui profitent de cette stérilité :
« Vous avez (volontairement ou non, peu
importe) fait tort à votre patrie. Loin de nous
la pensée de vous en punir; mais il n'est pas
juste que vous en profitiez. Vous devez au pays
un dédommagement. »

4

Actuellement, c'est le langage précisément opposé que l'on tient aux familles françaises. Quoique l'avenir de la nation dépende de leur fécondité, la loi, loin d'alléger la charge méritoire qu'assume le chef d'une famille nombreuse, fait tout pour l'alourdir. Tous les impôts directs ou indirects, la douane, l'octroi, l'impôt mobilier, la patente, l'impôt du sang, etc., sont d'autant plus élevés que les enfants sont plus nombreux; il ne serait pas exact de dire que la loi se désintéresse de la natalité : il faut, pour être juste, reconnaître qu'elle fait ce qu'elle peut pour la combattre et que chaque Français est officiellement invité, dans son intérêt comme dans celui de sa postérité, à restreindre celle-ci autant que possible. Il faut que ce soit le contraire.

Ce sont les familles riches qui devraient surtout contribuer à la perpétuité de la nation, et, par un singulier non-sens, ce sont elles surtout qui s'en abstiennent.

Il est juste que ces familles égoïstes, éminemment imposables, soient particulièrement surtaxées. Si l'on se bornait à évaluer leur richesse d'après le nombre de leurs domestiques, on s'exposerait à les taxer en raison même de leur fécondité, car il est naturel qu'elles aient d'autant plus de domestiques qu'elles ont plus d'enfants; ce serait donc immoral. Au contraire, on arrive à un résultat très équitable en comparant le nombre de leurs domestiques à celui de leurs enfants, et en les taxant en raison de l'excès du premier nombre sur le second. C'est pourquoi nous proposons :

a) D'exempter de toute surtaxe les ménages ayant un seul domestique, lorsqu'ils ont des enfants ;

b) De frapper d'une surtaxe, même les ménages qui n'ont qu'un domestique, lorsqu'ils n'ont pas d'enfants ;

c) D'imposer une surtaxe exceptionnelle aux ménages dans lesquels le nombre des domestiques dépasse le nombre des enfants.

On a fait à l'ensemble des propositions qui précèdent un reproche que nous pourrions accepter : on reconnaît qu'elles sont justes, mais on trouve qu'elles ne sont pas radicales.

« Croyez-vous donc, nous dit-on en effet, que les familles malthusiennes qui n'ont actuellement qu'un ou deux enfants vont se décider à en avoir quatre pour s'épargner quelques impôts? » Nous ne nous faisons pas cette illusion. Mais nous croyons qu'il ne faut pas exagérer la bassesse des mœurs familiales de notre pays. La plupart des familles pèchent par égoïsme, soit, mais c'est parce qu'elles ne savent pas que cet égoïsme est coupable, qu'il est nuisible, qu'il est ignoble. Elles ne le savent pas, parce qu'aucune voix autorisée ne le leur a jamais dit (excepté l'Église, mais on ne l'écoute plus). Il faut le leur faire connaître. Aucun moyen de publicité ne vaut la feuille du percepteur; aucune feuille publique n'est aussi répandue, aucune n'est aussi soigneusement étudiée, aussi passionnément commentée. Les enseignements qu'elle contient se traduisent par un fait palpable, qui se grave immédiatement dans la mémoire. Aucune prédication ne vaut celle-là.

Ainsi la réforme des impôts directs que nous proposons a surtout pour but la propagande.

Application des mêmes principes au service militaire. — Chaque année, le ministre, faute d'argent, est obligé de libérer, après un an de service militaire, une partie du contingent de l'armée. Les premiers soldats libérés ne devraient-ils pas être ceux qui sont mariés? Cette mesure serait certainement efficace; on sait avec quel aveuglement les fils de la bourgeoisie se précipitent vers des carrières encombrées pour abréger la durée du service militaire. Ne vaudrait-il pas mieux, pour les intéressés et pour tout le monde, que le mariage, et surtout le mariage fécond, leur permît de s'en libérer de même? Ne serait-ce pas plus moral, plus intelligent, plus démocratique[1]?

Favoriser le mariage avant le service mili-

1. MM. Guyot, Berthelot (de l'Institut), Labbé (de l'Académie de médecine), sénateurs, ont déposé dans ce sens une proposition de loi au Sénat. En même temps M. Pli-

taire, c'est combattre l'émigration des campagnes vers les villes ; c'est même la seule arme
sérieuse que l'on ait contre ce fléau, car le
campagnard marié retournera forcément dans
son village. Or, combattre la dépopulation des
campagnes, c'est combattre la dépopulation de
la France. Nous ne pouvons donc qu'applaudir
au principe de la proposition de MM. Guyot (du
Rhône), Berthelot et Léon Labbé. Peut-être en
discuterons-nous un jour quelques détails.

Si une famille n'a qu'un fils unique, elle four-
nit (sauf dispense) trois ans de service à l'État
Si elle a eu le mérite très onéreux d'élever cinq
fils, l'État lui réclame quinze ans de service
militaire. N'est-ce pas injuste? L'État, à vrai
dire, réduit à un le service militaire de fils aîné
d'une famille de sept enfants [1]. Cette limite est
trop élevée pour avoir une influence quelconque
sur la population. On témoignerait mieux du
respect et de la protection dues aux nombreuses
familles en accordant la même faveur à l'aîné
des familles de quatre enfants.

Au contraire, que de faveurs inutiles ou dange-

chon, député, propose à la Chambre d'accorder la même
faveur au fils aîné d'une famille ayant cinq enfants.

Ces messieurs ont bien voulu déclarer que ces propositions leur avaient été inspirées par la lecture du présent
travail.

D'autre part, un grand nombre de Conseils généraux ont
exprimé des vœux dans le même sens.

1. Chaque année 7000 à 8000 conscrits profitent de cette
disposition de la loi.

reuses la loi du recrutement a aveuglément con-
cédées! La dispense accordée aux fils aînés de
veuves a pour unique effet d'empêcher de jeunes
veuves fécondes de se remarier afin de conserver
à leur fils un agréable privilège qui lui sera
précieux plus tard; c'est l'amour maternel qui
les retient dans le veuvage, souvent dans le
concubinage, au grand détriment de la population. Que l'on accorde aux fils de veuves des
dispenses comme soutiens de famille lorsqu'il
y a lieu, rien de mieux. Mais quelle niaiserie
sentimentale et malfaisante que de leur reconnaître cette qualité d'avance à tous[1], quelles
que soient les circonstances!

« La loi voit d'un mauvais œil la veuve qui se
remarie[2]. » La France n'est pas en situation de
se conformer à ce principe futile et peu rai-
sonné. Elle doit au contraire honorer le mariage et la fécondité toutes les fois qu'elle en
a l'occasion. Il faut donc supprimer (sauf circonstances particulières à déterminer) le privilège des fils de veuves qui ne sont pas remariées. Il faut cesser de laisser au hasard le soin
de décider quels seront les conscrits renvoyés
après un an de service; il faut, au contraire,
saisir cette occasion de récompenser et d'ho-

---

1. 17000 jeunes gens, dont le seul mérite est d'être fils de
veuves non remariées, profitent chaque année de cette disposition surannée de la loi.
2. Mourlon, *Cours de droit civil.*

norer ceux qui ont obéi à ce précepte de toutes
les morales et de toutes les religions : « Marie-
toi dans ta jeunesse! » Il faut enfin, dans cette
circonstance comme dans toute autre, alléger
le fardeau des familles qui ont fourni de nombreux enfants à la patrie expirante!

*Application des principes précédents aux impôts
de succession.* — C'est surtout sous forme d'impôts de succession que les familles insuffisamment fécondes devraient payer la juste indemnité qu'elles doivent au pays en raison de leur
stérilité. Car les malthusiens ont principalement
pour but de ne pas partager leur fortune entre
de trop nombreux enfants.

Actuellement les droits de succession sont
établis de façon que les fils uniques paient
moins que les autres : non seulement les frais
d'actes notariés, etc., sont moindres pour eux
que pour les familles nombreuses, mais encore
celles-ci ont de grandes chances de payer les
droits plusieurs fois; en effet, que l'un des or-
phelins vienne à mourir (le cas est d'autant plus
probable qu'ils sont plus nombreux), ses frères
et sœurs auront à payer de nouveaux droits de
succession. A ce redoublement de charges, y
a-t-il un droit compensateur établi aux dépens
du fils unique? Non, il n'y en a pas. En toute
occasion le fisc accable les familles nombreuses
et ménage les familles malthusiennes.

L'institution de l'héritage n'a d'autre raison

d'être que de stimuler le travail. Beaucoup d'hommes, assurément, travailleraient moins et surtout épargneraient moins s'ils n'avaient la perspective de laisser à leurs enfants (ou plutôt, hélas! à leur enfant unique) le fruit de leur travail et de leurs économies. Telle est la seule justification de l'institution de l'héritage. C'est ainsi que le défendent ses partisans, et ses adversaires n'ont jamais trouvé de réplique suffisante à cet argument.

Or, actuellement, ce qu'il faut à la France, ce ne sont pas seulement des travailleurs, ce sont aussi et surtout des naissances en nombre suffisant pour perpétuer la race et assurer l'avenir du pays. Et il est prouvé que l'institution de l'héritage est un des facteurs puissants de la dépopulation. Il faut donc la modifier.

L'État est aussi intéressé à la fécondité des familles qu'à leur faculté de travail et d'épargne. Pour stimuler ces deux dernières vertus, il leur garantit le droit d'héritage; il pourrait le leur retirer, ou du moins l'affaiblir à son profit lorsque leur fécondité ne serait pas jugée par lui suffisante.

Dans ce dernier cas, les familles indemniseraient, par de l'argent, l'État, pour le tort que lui aurait fait leur stérilité.

Pour que cette mesure fût efficace, il faudrait qu'elle fût sérieusement appliquée, de façon à entamer sensiblement la fortune des familles qui n'auraient donné à la France qu'un ou deux enfants [1]. Par exemple, on pourrait réserver à l'État la portion disponible de l'héritage (la moitié de la fortune pour les familles d'un enfant; le tiers pour les familles de deux enfants; quant aux familles de trois enfants, leur fécondité est suffisante et il n'y a pas lieu de les surtaxer). Il faudrait se rapprocher autant que possible de la formule suivante : *placer au point de vue de l'héritage, les enfants uniques dans la situation où ils seraient s'ils avaient des frères.*

Peut-être les malthusiens prétendront que nous sommes trop subversifs et [2] que la mesure que nous proposons est trop sévère pour eux; ou encore qu'elle est trop en opposition avec les mœurs et habitudes actuelles.

1. Nous n'entrons pas dans l'examen des questions de détail. Par exemple, il serait évidemment juste de faire entrer en ligne de compte les enfants prédécédés lorsqu'ils ont été élevés jusqu'à un certain âge, soit jusqu'à dix ans. De même les enfants adoptifs, les enfants naturels reconnus, devraient entrer en ligne de compte.

2. On a dit qu'ainsi nous frappions d'une amende, non pas le coupable, mais *son* fils. A quoi nous répondons qu'il n'y a en question ni amende, ni coupable. Une famille (volontairement ou non, peu importe) n'a pas donné à la nation les trois enfants nécessaires à l'avenir du pays. Nous demandons qu'elle répare le préjudice causé. — Quant à l'enfant issu d'un tel ménage, nous ne le frappons d'aucune amende : nous le mettons dans la situation où il serait s'il avait des frères.

Notre contradicteur admet-il que des parents frappent leur enfant d'une amende parce qu'ils lui donnent un frère?

C'est justement pour cela que nous la proposons. Des remèdes anodins ne seraient d'aucun effet contre un mal profond et invétéré.

Il faut que les familles françaises cessent d'avoir un intérêt évident à restreindre le nombre de leurs enfants. Pour obtenir ce résultat, il faut autre chose que les demi-mesures.

Résumé des réformes précédentes. — Notre principe est l'égalité des charges. Nous disons aux Français : « Vous avez trois devoirs principaux envers votre pays : contribuer à sa perpétuité, contribuer à sa défense, contribuer à ses charges pécuniaires. Nous admettons que vous manquiez au premier de ces devoirs, mais il faut alors accepter les deux autres avec un supplément. » Par ce principe, constamment et sévèrement appliqué, par quelques autres réformes, nous espérons ramener dans ce pays la notion du respect dû aux familles nombreuses et le mépris des mœurs détestables qui perdent la France.

C. — LA PENSION ALIMENTAIRE ASSURÉE
AU PÈRE ET A LA MÈRE DE NOMBREUSES FAMILLES

Les sommes que l'État retirerait des droits de succession élevés dont nous proposons de frapper les familles qui n'auront donné à la France qu'un ou deux enfants devraient être exclusivement réservées soit à l'éducation des enfants pauvres[1], soit à l'application d'un projet éminemment juste et bienfaisant, imaginé par M. Raoul de la Grasserie, juge au tribunal de Rennes.

Ce magistrat distingué approuve la plupart de nos propositions. Il en ajoute une autre dont nous empruntons l'exposé au *Journal officiel* du 3 mai 1897 :

« Autrefois, les paysans produisaient un chiffre relativement fort de population ; dans l'agriculture, en effet, les bras sont une aide, plus que les bouches ne sont une charge. L'enfant restait dans la famille jusqu'à son mariage, prenait soin de ses père et mère, les recueillait chez lui. Mais cette situation s'est bien modifiée ; aujourd'hui, l'enfant quitte de bonne heure la maison paternelle, et, plus tard, lorsqu'il s'agit de pension alimentaire, il la marchande, la laisse souvent fixer par le juge et la paye mal ou pas du tout ; aussi le chiffre de la population rurale décroît rapidement. Ce fait économique se produit aussi, quoique d'une manière moins frappante, dans la classe ouvrière. Comment revenir à l'ancien état de choses? En assurant au paysan, à l'ouvrier, père d'un nombre déterminé d'enfants, trois par exemple, des droits certains de secours pour leur vieillesse ; il faut que

1. L'exemple en est donné par le duché de Saxe-Weimar. Les successions dévolues aux collatéraux paient 4 pour 100 au profit exclusif des orphelinats.

l'État se substitue aux enfants et paye pour eux
la dette de reconnaissance qu'ils acquittent avec
tant de peine, sauf recours, bien entendu, contre
ces derniers lorsqu'ils auraient des ressources
dont le minimum serait fixé par une loi.

« En ce qui concerne les classes aisées, la con-
cession d'une retraite pour la vieillesse les tou-
cherait peu; elles seraient bien plus sensibles
à la crainte de ne pas laisser leur héritage inté-
gral. Étant admis ce principe que ceux qui ont
des enfants supportent, par ce fait, une véritable charge, on ferait payer un impôt spécial
à ceux qui en ont peu ou qui n'en ont pas. Cet
impôt serait prélevé au moment du décès, et
c'est précisément ce prélèvement qui permet-
trait à l'État de servir les retraites de vieillesse
à ceux qui auront le nombre d'enfants normal;
l'État se substituerait à l'enfant manquant. »
M. de la Grasserie insiste sur cette idée que
l'État n'acquerrait pas pour lui-même les parts
transmises; elles seraient versées directement
dans une caisse *ad hoc*, ayant une personnalité
propre. « Contester la légitimité du remède proposé et prétendre que le droit de propriété en
serait diminué n'est pas exact. L'impôt ne dimi-
nue-t-il pas ce droit lorsqu'il porte sur le capital
et, notamment, lorsqu'il frappe d'un droit de
près de 14 pour 100 certaines des mutations
par décès? Il ne s'agit réellement ici que d'un
impôt compensatoire. »

Ainsi, les auteurs d'une famille nombreuse seraient assurés d'une pension alimentaire dans leur vieillesse. L'État en récupérerait le montant sur les enfants, lorsque ce serait possible. Dans le cas contraire (cas fréquent), il le prendra dans une caisse spéciale alimentée par l'impôt prélevé sur les familles qui n'auraient pas supporté les charges de la paternité.

Si l'on songe à l'attrait considérable qu'exerce sur la plupart des hommes la perspective d'une retraite, même très médiocre, pour leurs vieux jours, on sera conduit à penser que le projet de M. de la Grasserie serait très efficace.

D. — EXTENSION DE LA LIBERTÉ DE TESTER

Jamais nous n'avons proposé de rétablir le droit d'aînesse, comme on nous en a gratuitement accusés; mais puisque les familles françaises redoutent surtout d'avoir à émietter leur fortune, c'est-à dire à l'annihiler, il faut modifier profondément dans le sens de la liberté les lois qui les y forcent.

Supposons qu'un homme, à force de travail, ait monté un fonds de commerce, une usine, et qu'il ait consacré au développement de cet établissement toutes ses économies (quoi de plus profitable à la nation que cette absorption de toutes les facultés, de tous les moyens d'un homme à l'œuvre de sa vie). Eh! bien, si cet homme n'a qu'un enfant, il a pour l'encourager dans ses efforts, cette perspective attrayante et flatteuse pour un père, de voir son fils, au besoin son gendre, prendre sa profession, perpétuer le nom de sa maison, et arriver à cette réputation commerciale que rêve et que doit rêver tout négociant.

S'il a deux enfants et *a fortiori* trois, le tableau est bien différent. La loi, pour le remercier de cette utile fécondité, vendra (à vil prix probablement, comme dans toute vente forcée) l'établissement qui est une propriété indivisible. L'un des enfants a-t-il adopté la profession du père, comment achèterait-il la fabrique? Il n'aura pas l'argent nécessaire pour rembourser ses frères. Donc l'établissement passera à quelque successeur inconnu. Alors, pourquoi lui donner tant de soins? Mais il est un moyen bien simple de se débarrasser de ce cauchemar : c'est de n'avoir qu'un seul enfant. C'est ce qu'on fait presque toujours.

Le paysan raisonne exactement de même. S'il possède quelque chose, il calcule sur ses doigts le nombre de ses enfants; il voit d'avance partagé entre plusieurs ce lopin de terre qu'il s'est donné tant de mal à *arrondir*. Les ruses qu'il a déployées pour y annexer quelque enclave, les sacrifices qu'il s'est douloureusement imposés pour les payer, tant de soins, tant de travail, tant de stratagèmes, tout cela sera donc en pure perte! D'avance il voit l'impitoyable arpenteur détruire ce bel ouvrage et planter des bornes au beau milieu du champ, et le notaire tirer au sort les lambeaux d'un bien si péniblement unifié. Heureusement il est un moyen bien simple d'échapper à ce tourment posthume, c'est de n'avoir qu'un seul enfant.

La France, qui est le seul pays de l'Europe, où la natalité diminue, est aussi le seul grand pays où l'égalité des partages soit prescrite par la loi. Il ne faut pas exagérer la valeur de cette coïncidence; elle mérite cependant d'être remarquée.

La loi ne devrait pas imposer au père de famille les calculs lamentables, mais parfaitement logiques que nous avons rappelés plus haut. Elle pourrait, par exemple, élever la quotité disponible à la moitié de la fortune, quel que soit le nombre des enfants. C'est ce qui existe en Italie, en Autriche, dans presque toute l'Allemagne pour ne citer que les grands pays. En Angleterre et aux États-Unis, la liberté de tester est à peu près complète.

Accessoirement il faudrait abroger l'article 815 et le déplorable § 2 de l'article 832 du Code civil.

L'article 815 est celui qui décide que nul n'est tenu à l'indivision. Il empêche donc le père de famille de plusieurs enfants de se soustraire à l'affreuse obsession de voir l'œuvre de sa vie divisée, vendue, dissipée, détruite après sa mort. Il ne lui reste, pour éviter ce malheur, qu'un seul moyen, c'est de n'avoir, selon la formule des notaires « qu'un seul et unique héritier ».

L'article 832 a été très justement critiqué par le Conseil général des Hautes-Pyrénées, dans une discussion relative à la dépopulation de la France. Il aggrave encore ce que le partage égal a de ruineux pour une famille. Il prescrit par son § 2 « de faire entrer dans chaque lot, s'il se peut, la même quantité de meubles, d'immeubles, de droits et de créances de même nature et valeur ». Voilà qui rend absolument fatale la division de chaque bien, c'est-à-dire sa vente et sa diminution. Les notaires sont trop intéressés à l'application de cette prescription pour ne pas tenir la main à son exécution.

Extraordinaire ironie! Inconcevable contradiction! Cet article commence ainsi : « On doit éviter, autant que possible, de morceler les héritages et de diviser les exploitations ». Cette prescription est irréalisable étant donnée la suite de l'article; du moment qu'il est impossible de compenser par de l'argent ou des meubles l'excès de ce que l'un des enfants reçoit en immeubles, on est bien obligé de morceler ceux-ci. C'est ce que le paysan, c'est ce que le bourgeois veulent éviter à tout prix. Cela les engage, plus fortement peut-être que tout le reste, à n'avoir qu'un seul enfant.

Le mieux serait, en ce qui concerne les lois relatives aux successions, de nous rapprocher des lois canadiennes. Grâce à elles, grâce à l'usage qu'ils en font, nos frères franco-canadiens ont une natalité de 48 pour 1 000 habitants, qui dépasse celle des régions les plus fécondes de l'Europe.

E. — DE LA PROTECTION A ACCORDER A L'ENFANT

C'est un devoir pour la nation d'entourer l'enfant, et surtout l'enfant malheureux de toute sa protection et de toute sa tendresse. En lui réside l'avenir de la patrie ; une société intelligente doit donc ne reculer devant aucun sacrifice pour lui assurer des aliments et l'instruction. Sur ce dernier point, l'État aujourd'hui fait son devoir ; mais à quoi sert l'école, si l'écolier n'a pas à manger ! On lui a donné le nécessaire avant de songer à lui assurer l'indispensable.

Aux nouveau-nés que leurs parents ne peuvent nourrir, la société a le devoir de fournir du lait propre à l'alimentation du jeune âge, c'est-à-dire du lait stérilisé. Le Conseil municipal de Paris entre dans cette voie ; on doit désirer que cet exemple soit suivi. Quelle admirable institution que celle des Caisses des écoles! Grâce à elles, les enfants trouvent à l'école le pain et la soupe sans lesquels la fréquentation de l'école est impossible. On devrait multiplier les Caisses des écoles et les enrichir, quelles que soient les dépenses à faire pour un si noble but.

Cette réforme est, de toutes celles que nous proposons, la seule qui doive être onéreuse à l'État. Qui pourrait en méconnaître la nécessité? De toutes parts, on entend parler de retraites aux vieillards; leur sort nous touche moins que celui des enfants; les vieillards ne sont pas une force pour un pays; d'ailleurs ils ont eu soixante ans pour préparer la sécurité de leurs vieux jours, et s'ils n'y sont pas parvenus, ils doivent le plus souvent s'en prendre surtout à eux-mêmes. Sans les enfants, au contraire, la France n'existera plus demain; de plus, ils sont moins que personne responsables de leur pauvreté. A eux donc doivent aller toutes nos ressources disponibles, à eux toute notre protection, tout notre amour; pour eux tous nos sacrifices.

F. — MESURES ACCESSOIRES

Toutes les faveurs dont l'État dispose devraient être de préférence réservées aux familles nombreuses. — En toute occasion, la loi, l'administration, les particuliers doivent témoigner du profond respect dû aux familles nombreuses.

Ce serait le moyen de le faire entrer dans les
mœurs.

L'État devrait donner l'exemple, car il est le
principal intéressé. Cependant, il est remar-
quable qu'il est distancé, sous ce rapport, par
un certain nombre de particuliers. Nous citerons quelques exemples des témoignages de
respect et de protection qui devraient être
accordés aux familles fécondes.

Il faudrait proclamer comme règle générale
que les bourses, les secours de toute sorte, les
bureaux de tabac devraient être réservés, sauf
exception, aux familles nombreuses, ou du
moins le nombre des enfants devrait être un
titre très important pour les obtenir. Actuellement, il s'en faut de beaucoup qu'il en soit
ainsi; le nombre des enfants n'est considéré
(et encore pas toujours) que comme un indice
de misère; mais il n'est pas apprécié comme
constituant un honneur et un titre à la protection de l'État pour la famille qui les élève. Il y
a pis : il est admis dans un grand nombre
d'établissements de l'État qu'on ne donne pas
deux bourses à la même famille : ainsi une
famille qui a un enfant unique peut faire sup-
porter par l'État sa charge tout entière, tandis
qu'une famille qui élève cinq enfants ne peut
espérer être déchargée que du cinquième de
ce fardeau, quels que soient d'ailleurs les titres
qu'elle peut avoir aux faveurs de l'État.

Les notes signalétiques des employés de plusieurs grandes administrations publiques indiquent le nombre de leurs enfants. Cette mesure devrait être généralisée.

Il n'est pas logique que les indemnités de logement, de résidence et de déplacement soient les mêmes pour les fonctionnaires célibataires ou sans enfants, et pour ceux qui ont la charge d'une nombreuse famille. C'est pourtant ce qui existe à présent; les indemnités de résidence notamment sont très élevées pour certaines catégories de fonctionnaires. On devrait les répartir d'une façon plus équitable. Il n'en résulterait aucune charge pour le Trésor; peut-être même y trouverait-il un avantage.

L'industrie privée — quoique la question n'ait pas pour elle l'intérêt majeur qu'elle devrait avoir pour l'État — lui a donné l'exemple. Les Compagnies de chemins de fer distribuent dans les années de cherté des secours à leurs employés, et ces secours sont proportionnels aux charges de famille.

Mais l'État peut favoriser les familles nombreuses plus directement, et, ici encore, l'exemple lui est donné par les compagnies privées. La compagnie des chemins de fer du Nord majore les appointements de ses employés de 24 francs par enfant vivant lorsqu'il y en a plus de deux. L'État, dont le premier devoir est de veiller au salut de la nation, devrait imiter cet exemple[1].

A mérite égal, un fonctionnaire élevant une nombreuse famille devrait être préféré à un collègue célibataire, ou chef d'une famille restreinte. Il pourrait en être ainsi, notamment, pour les fonctions humbles qui ne nécessitent aucune capacité spéciale. L'exemple de cette règle de conduite a été donné dans ces dernières années par la préfecture de la Seine.

Différentes administrations publiques qui emploient des femmes (le ministère de l'Instruction publique par exemple) suppriment leur maigre traitement pendant le congé qui leur est nécessaire lorsqu'elles deviennent mères. Cette règle injuste et que l'on estimera sans doute immorale, devrait être supprimée sans retard. Ici encore l'exemple à suivre est donné par quelques industries parisiennes et notamment par l'admirable *Mutualité maternelle* des industries de l'aiguille à Paris.

Il est manifeste que ces réformes de détail ne peuvent avoir qu'un effet direct assez limité, mais nous comptons sur leur effet moral et sur

---

1. L'État vient d'entrer dans cette voie. M. Calusse, directeur des Contributions indirectes, élève de 60 francs par enfant (au-dessus de trois) les appointements de ses employés inférieurs ; il leur assure un avancement, à mérite égal, plus rapide, etc. L'*Alliance nationale* n'est peut-être pas étrangère à cette décision qui fait tant honneur à M. Calusse.

l'orientation qu'elles pourraient donner à l'opinion publique si justement alarmée de la diminution de la France[1].

Des mesures à prendre contre les excitations à la débauche. — La débauche a pour effet de détourner du mariage et de la vie conjugale. Elle est donc essentiellement nuisible au développement de la population. Un gouvernement sérieux n'a donc pas le droit de dire que la surveillance de la débauche ne le regarde pas, ce serait déclarer que l'avenir du pays ne l'intéresse pas.

Nous ne pouvons donc que déplorer cette excitation publique, permanente, à la débauche qui s'étale impunément sous prétexte de liberté, dans les villes et même dans les villages. Si la liberté des pornographes est complète, celle des gens honorables que la vue de ces obscénités dégoûte, est singulièrement méconnue. Que dire de ces ouvrages immondes qui conseillent et décrivent, avec gravures à l'appui, les fraudes conjugales! Que dire de l'ignoble commerce d'objets divers qui ne craint pas de s'afficher publiquement! Ces turpitudes devraient être impossibles, ne serait-ce que par

---

1. L'*Alliance nationale pour l'accroissement de la population française* s'efforce de prêcher d'exemple. Elle n'a pas le moyen de secourir directement les familles nombreuses dans la détresse qui demandent sa protection. Après enquête sur ces familles, elle tâche pourtant de leur venir en aide. Elle a souvent été assez heureuse pour y réussir.

décence publique. Elles ont peut-être des conséquences plus graves qu'on ne croirait au
premier abord.

Le programme de l'*Alliance nationale pour
l'accroissement de la population française* tel que
nous venons de l'esquisser, n'est pas limitatif.
Nous examinons tous les projets qu'on nous
présente, avec la plus grande attention, et nous
sommes tout disposés à accueillir, au moins
pour l'avenir, ceux qui nous paraîtront avoir
quelque chance de succès.

G. — EXAMEN DES OBJECTIONS

La presse de tous les partis a fait à notre
Société un excellent accueil. Cependant quelques objections nous ont été faites.

Quelques-unes sont si visiblement dictées par
un intérêt de parti qu'il nous suffira de les
mentionner :

La *Gazette de Cologne* nous affirme très longuement que le seul remède à opposer à la
dépopulation, c'est d'accepter cordialement le
traité de Francfort; dès lors l'industrie, le commerce, l'agriculture renaîtront et la population
se multipliera.

D'autre part, un Anglais [1], explorateur et
colonisateur, conseille aux Français de « se
concentrer », c'est-à-dire d'abandonner toutes

1. M. Stanley.

leurs colonies; voilà, d'après lui, le remède à la dépopulation !

Un libre-échangiste de la plus vieille école, déclare que le libre-échange peut seul régénérer notre population. Il est vrai qu'un protectionniste non moins convaincu prétend que, si la France se dépeuple c'est que son industrie et son agriculture ne sont pas assez protégées.

Tous ces conseils contradictoires sont, comme ceux de M. Josse, un peu trop intéressés pour qu'il soit utile d'y répondre.

Voici qui est, en apparence du moins, un peu plus sérieux : on nous reproche de recourir à l'État, crime affreux aux yeux d'un économiste classique[1]. « Il faut réformer les mœurs ! » s'écrie-t-on d'une voix convaincue, et non pas vous adresser à l'État.

Et quel moyen nous propose-t-on pour « réformer les mœurs »? Absolument aucun ! Cette belle parole n'est pas autre chose qu'une fin de non-recevoir.

Pour réformer les mœurs, nous demandons

1. L'État ne peut, dit-on, que gâter ce qu'il touche. Ce n'est pas ainsi qu'on raisonne dans les autres sciences : la foudre est un fléau, dit le physicien, donc c'est une force; donc, bien dirigée, elle peut devenir un bienfait. L'opium est un poison, dit le médecin, donc il agit sur l'organisme et peut devenir un remède, etc. Mais il est entendu que l'action de l'État ne peut être que funeste et jamais bienfaisante, autrement dit, qu'il est scientifiquement impossible que l'État ne soit pas dirigé par des imbéciles !

avant tout l'égalité des charges et l'extension
de la liberté de tester. A qui demanderions-
nous ces réformes, sinon au législateur?

N'est-ce pas à l'État que s'adressent les libre-
échangistes les plus intransigeants pour réclamer la « liberté des échanges »? Vont-ils pour
cela se laisser traiter d' « étatistes »? Alors de
quel droit nous adressent-ils cette épithète, qui
est, à leurs yeux, la plus injurieuse de toutes?

Nous ne sommes donc pas plus « étatistes »
que les économistes les plus orthodoxes.

On nous a attribué aussi l'intention de vouloir « forcer » les gens à avoir des enfants, de
« punir » ceux qui n'en ont pas, et « d'attenter
à la liberté du célibat ». Il est inutile de pro-
tester contre ces imputations. Ceux qui les ont
formulées ne nous ont certainement pas lus.
Qu'ils veuillent donc prendre cette peine avant
de parler de nous.

Enfin quelques graves personnages (qui se
complaisent d'ailleurs dans l'inaction) ont dé-
cidé que notre succès est problématique. Ils
n'en savent rien.

Il est ridicule de parler ici des Romains, car
nous ne savons rien sur leur situation démographique avant ni après les lois P. Poppœa et
Julia, dont Montesquieu fait un si bel éloge.
Puisque l'empire romain a duré *cinq cents* ans

après des mesures prises par Auguste contre la dépopulation, et n'a péri qu'après leur abrogation par Constantin, il semble que ces mesures aient réussi; mais il serait aussi hardi de l'affirmer qu'il l'est de le nier.

D'ailleurs la question n'est pas de calculer nos chances de succès. Elle est plus grave.

La disparition, ou du moins l'amoindrissement de notre patrie est assuré si nous ne tentons rien pour la relever. Dès lors, le devoir est tracé; se résigner à ce malheur sous prétexte qu'il est fatal, ce serait une sottise et une lâcheté. Nous faisons donc un pressant appel à tous ceux qui comprennent la grandeur du danger, quelles que soient d'ailleurs leurs opinions politiques, religieuses ou autres; ils viendront à nous, persuadés, comme nous, que notre noble nation ne se laissera pas périr faute d'équité, faute de moralité.

V. — Conclusions[1].

I. — La natalité décroît en France progressivement depuis le commencement du siècle, et rien n'indique que ce mouvement soit près de

---

1. Nous avons la vive satisfaction d'annoncer que quarante Conseils généraux ont adopté tout ou partie des vœux que nous leur présentions pour dégrever et protéger les familles nombreuses, dans leur session d'avril 1897.

Nous ne croyons pas que sur aucune proposition émanée

s'arrêter (p. 7). Ce mal est dû à un vice profond et permanent. La France, dont la population, à la fin du siècle dernier, formait 28 pour 100 de la population des grandes puissances européennes, n'en forme plus que 12 pour 100 aujourd'hui. Son rôle dans le monde va s'effaçant. La France est le seul pays de l'Europe où ce phénomène se remarque avec la même intensité et la même constance (p. 12).

II. — Sa puissance militaire est gravement menacée; au lendemain de la guerre, la France et l'Allemagne avaient le même nombre de conscrits; aujourd'hui l'Allemagne en a moitié plus que la France; dans quatorze ans, elle en aura le double (p. 14). Son industrie, son commerce (p. 17), son influence morale dans le monde (p. 18) sont diminués par la diminution relative de sa population. C'est grâce à l'affaiblissement de la natalité que la France, loin de s'étendre au dehors de ses frontières, comme le font les autres peuples, n'a pas la force de poussée nécessaire pour protéger son territoire contre l'envahissement pacifique des étrangers.

de l'initiative privée, il y ait eu un tel accord entre les Assemblées départementales.

Les Conseils généraux qui n'ont pas adopté nos vœux ne les avaient pas mis en délibération ou en avaient ajourné l'examen à la session d'août, dont nous ne connaissons pas encore les résultats à ce point de vue. Un seul les avait rejetés : le malthusien Lot-et-Garonne.

Ceux-ci colonisent notre pays attirés par l'appel du travail, auquel la population autochtone ne répond pas suffisamment (p. 19). Ils prennent la place de nos *non nés*. Ils répondent à l'appel du travail, mais au jour du danger, ils ne répondront pas à l'appel du canon (p. 20)! Leur nationalité n'est qu'un palliatif illusoire (p. 20).

III. — L'étude des mouvements de population par localités, par classes sociales, montre que la faiblesse de la natalité est due principalement à ce que les parents, lorsqu'ils ont quelque bien, sont ambitieux pour leurs enfants (p. 24). Lorsqu'ils n'ont rien, cette préoccupation d'une fortune à conserver disparaît naturellement. Elle disparaît aussi (p. 26) lorsque l'organisation du pays est telle que les parents n'ont aucune inquiétude à avoir sur le sort de leurs enfants (Fort-Mardick, Fouesnant) et au Canada (p. 28), où la liberté de tester est, non seulement permise par la loi, mais encore mise à profit par la presque totalité des familles.

Les funestes effets des lois restrictives de la liberté de tester se font sentir surtout en France et les pays français (provinces françaises de Belgique, cantons français de Suisse), parce que les Français sont plus économes et plus prévoyants que les autres peuples soumis au Code civil et parce que la fortune y est plus divisée.

Ce qui rend le mal plus grave encore, c'est que si la nation en meurt lentement, les individus n'en souffrent nullement. C'est la mort par le chloroforme, mais ce n'en est pas moins la mort.

IV. *Remèdes illusoires.* — Jamais on n'a réussi à établir sérieusement un lien quelconque entre la dépopulation de la France et la recherche de la paternité, l'émancipation de la femme, les réformes socialistes, etc. Nous avons dit dans quelle mesure (réelle probablement, mais d'ailleurs très faible) on peut admettre que la restauration des idées religieuses relèverait peut-être la natalité (p. 34), si elle était possible.

Nous avons vu que le nombre des mariages est suffisant en France, et que le nombre des mariages tout à fait stériles n'y paraît pas plus élevé qu'il n'était naguère ni qu'il est en d'autres pays (p. 35-36).

Nous avons vu la parfaite inanité des mesures proposées pour restreindre la mortalité. Fussent-elles efficaces (et elles ne le seraient pas), elles n'auraient sur la population de la France, *aucune* influence (p. 39).

V. *Des mesures efficaces.* — Il faut combattre le mal dans ses causes. Ces causes sont l'excessive prévoyance des parents. Il faut s'arranger pour que cette prévoyance soit, au contraire, un motif pour avoir une nombreuse postérité.

On y arrive en admettant que *le fait d'élever un enfant est une des formes de l'impôt* (p. 46). La famille qui élève trois enfants remplit suffisamment son devoir envers l'État. Celle qui en élève davantage paie, par ce seul fait, un impôt excessif; il faut donc la dégrever. Pour la dégrever complètement (et c'est ce que nous proposons), il suffit de frapper d'une surtaxe de 20 pour 100 les familles qui ont deux enfants ou moins encore (p. 49). Nous avons prouvé que le Trésor, loin de perdre à cette combinaison, ne pouvait qu'y gagner.

L'impôt du sang devrait être allégé pour les jeunes gens mariés et surtout pour les pères de famille (p. 52).

Ce sont surtout les *impôts de succession* qui devraient faire payer par les familles malthusiennes la juste indemnité qu'elles doivent au pays en raison de leur stérilité. Nous proposons qu'on attribue à l'État la portion disponible de l'héritage des familles qui n'ont que un ou deux enfants (p. 55).

Les sommes ainsi perçues pourraient, selon le projet de M. de la Grasserie, constituer une caisse spéciale destinée à assurer une pension alimentaire aux auteurs des familles suffisamment nombreuses, pension dont l'État récupérerait le montant sur les enfants, toutes les fois que ce serait possible (p. 57).

Nous demandons l'*extension de la liberté de*

tester, telle qu'elle existe dans tous les grands pays excepté en France (p. 61).

C'est un devoir pour la nation d'entourer l'enfant, et spécialement l'enfant malheureux de toute sa protection et de toute sa tendresse (p. 65).

Mesures accessoires. — L'État ne devrait perdre aucune occasion de témoigner du respect et de la gratitude qu'il doit avoir pour les parents qui élèvent de nombreux enfants. Toutes les faveurs dont il dispose devraient leur être réservées autant que possible (p. 66).

On devrait prendre des mesures sérieuses contre les excitations à la débauche (p. 70).

Résumé. — Toutes les mesures que nous proposons ont un but unique, toujours le même : faire connaître à tous les Français le danger terrible qui menace leur patrie; leur patriotisme est réel, mais il n'est pas éclairé. La nation a besoin que les familles soient suffisamment fécondes; celles qui lui donnent de nombreux enfants ont droit à son respect, à sa reconnaissance et à sa protection.

Voilà ce qu'il faut démontrer à tous. Voilà ce qu'il faut prouver, et prouver non pas par de vaines prédications, mais par une longue série de faits tangibles, visibles à tous les yeux.

Ce devrait être la pensée unique, la préoccupation constante de tous les Français et de leurs représentants au Parlement.

TABLE DES MATIÈRES

35 855. — PARIS. IMPRIMERIE LAHURE

9, RUE DE FLEURUS, 9

BIBLIOTHEQUE NATIONALE

SERVICE DES NOUVEAUX SUPPORTS

58, rue de Richelieu, 75084 PARIS CEDEX 02 Téléphone 266 62 62

Achevé de micrographier le : 14 / 06 / 1977

Défauts constatés sur le document original

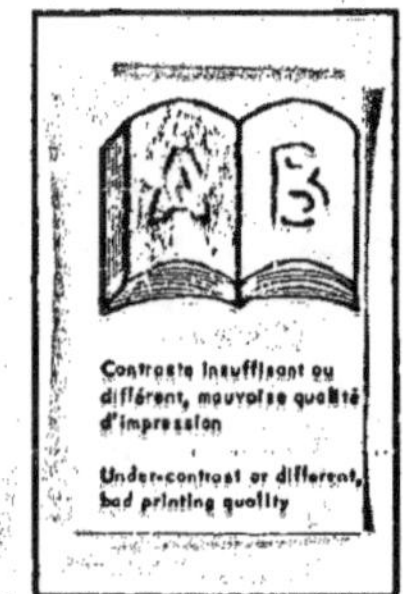